100% 응답받는
영적 능력의 비밀

100% 응답받는 영적 능력의 비밀

저자 앤드류 머레이
역자 유재덕

초판 1쇄 발행 2024. 5. 24.

발행처 도서출판 브니엘
발행인 권혁선

책임교정 조은경
책임영업 기태훈
책임편집 브니엘 디자인실

등록번호 서울 제2006-50호
등록일자 2006. 9. 11.

서울특별시 송파구 백제고분로28길 25 B101호 (05590)
마케팅부 02)421-3436
편집부 02)421-3487
팩시밀리 02)421-3438

ISBN 979-11-93092-21-7 03230

독자의견 02)421-3487
이메일 editorkhs@empal.com

북카페 주소 cafe.naver.com/penielpub.cafe
인스타그램 @peniel_books

도서출판 브니엘은 독자들의 원고를 설레는 마음으로 기다리고 있습니다.
위의 이메일로 간단한 기획 내용 및 원고, 연락처 등을 보내주십시오.

도서출판 브니엘은 갓구운 빵처럼 항상 신선한 책만을 고집합니다.

⌈ 기도의 능력을 경험하고 성령님과 동행하는·은혜의 삶 ⌋

100%
응답받는
영적
능력의 비밀

앤드류 머레이 지음 │ 유재덕 옮김

브니엘

앤드류 머레이의 삶을 한 문장으로 요약할 수 있다면, 그가 즐겨 되뇌던 다음과 같은 기도로 가능할 것입니다. "내 모든 삶에 있어서 한순간도 하나님의 임재의 빛, 사랑, 그리고 영적 능력의 충만한 삶에서 벗어나 살지 않게 하소서." 머레이는 자기의 기도처럼 자신의 모든 것을 하나님께 바치는 삶을 살았습니다. 남아프리카의 네덜란드 개혁교회에 소속되어 60년간 사역했을 뿐 아니라 영적생활을 주제로 200여 권의 저서와 소책자를 집필했고, 광범위한 사회사업과 교육기관들을 설립하고 운영하는 데 온 힘을 기울였습니다.

19세기 후반부터 20세기 전반기에 걸쳐서 남아프리카의 오지를 중심으로 사역하던 머레이는 초기엔 주변으로부터 별다른 주목을 받지 못했습니다. 하지만 목회자를 접할 수 없는 지역의 그리스도인들을 헌신적으로 돌보는 성실한 목회활동과 거룩함을 강조한 경건운동의 전개, 그리고 빼어난 설교와 저술활동 덕분에 남아프리카는 물론, 유럽과 미국에까지 알려지면서 국제적인 인물로 등장할 수 있었습니다.

머레이는 두 가지 측면에서 확고한 신앙의 관점을 소유한 인물이었습니다. 먼저 그는 그리스도인이 자유롭게 하나님의 은총을 믿고 경험할 수 있는 방식으로 성경을 해석하기로 유명했습니다. 하나님은 누구에게나 자신의 생명에 참여해서 풍성하고 의미 있는 삶을 살기를 희망하고 계신다는 것이 머레이의 일관된 믿음이었습니다. 이처럼 개혁교회의 전통을 기반으로 자유의지와 모든 사람의 구속을 강조한 그의 믿음은 세월이 흐르면서 더 큰 설득력이 있게 되었습니다.

머레이의 또 다른 관점은 성령에 대한 남다른 강조였습니다. 그래서 지금은 그를 오순절운동의 선구자 가운데 한 명으로 평가하는 역사학자도 생겨났지만

당시 일각에서는 그와 같은 태도를 노골적으로 비난하기도 했습니다. 머레이는 자신을 겨냥한 부정적인 평가에도 믿는 성도가 성령 충만을 위해 기도하고 누리는 것을 지극히 당연한 일로 간주했습니다. 언젠가 그는 자신의 믿음을 이렇게 고백한 적이 있습니다.

"나는 성령으로 충만해야 합니다. 그것은 절대적으로 필요한 일입니다. 나는 성령으로 충만해질 것입니다. 감사하게도 하나님은 그것을 가능한 일로 만드셨습니다. 나는 성령으로 충만해지고 싶습니다. 정말 그러고 싶습니다. 나는 성령으로 충만해질 것입니다. 감사하게도 그것은 아주 당연한 일이 되었습니다."

이 책 역시 머레이의 두 가지 관점을 벗어나지 않습니다. 머레이가 말년에 그리스도인의 영적 침체를 염려하면서 집필한 이 책은 영원히 살아서 역사하시는 하나님의 영적 능력을 내려받는 방법을 비교적 자세히 설명하고 있습니다. 간단해 보이지만 절대 간과할 수 없는 기독교 핵심 교훈을 특유의 담백하고 군더더기 없는 필체로 풀어나갑니다. 이 책이 세월이 흘러도 변함없이 사랑받는 것도 바로 그와 같은 이유 때문이라고 할 수 있습니다. 비록 어느 정도 시차가 있지만 이 책을 접하는 이마다 머레이가 자기 삶 속에서 풍성하게 경험했던 영적 능력과 축복을 누릴 수 있길 간절히 기대해 봅니다.

옮긴이 유재덕

| Part _ 3 |

기도는 영적 능력의 통로이다

:
:
:

먼저 자신의 모든 것을
내려놓으라

날마다 교제하는 은혜의 삶

"우리의 속사람은 날로 새로워지도다"(고후 4:16). 신앙생활을 갓 시작한 그리스도인이라면 누구나 익혀두어야 할 교훈이 한 가지 있습니다. 하루도 거르지 않는 주님과의 교제가 절대적으로 필요하다는 것입니다. 이 교훈은 그리스도인의 생활을 처음 시작했다고 해서 늘 배우는 것이 아닙니다. 또 새롭게 회심했다고 해서 늘 알게 되는 것도 아닙니다. 그리스도인은 죄를 용서받고, 하나님의 자녀로 받아들여지고, 성령을 통해 기쁨을 누리며, 예수 그리스도와 매일 새롭게 교제하면서 보존될 수 있는 은혜를 누리고 있음을 깨달아야 합니다.

이 진리를 분명히 익히지 못하는 바람에 많은 그리스도인이 신앙을 잃어버립니다. 세상의 유혹이나 옛 성품의 유혹을 견디지 못합니다. 최선을 다해 죄와 싸우고 하나님을 섬기려고 노력하지만 그럴 만한 능력이 없습니다. 그들은 진정으로 비밀을 깨달을 수 없습니다. 예수님은 하늘에서 하루도 거르지 않고 자신의 사역을 우리 안에서 계속하십니다. 하지만 그러기 위해서는 한 가지 조건이 필요합니다. 각 영혼은 주님의 사랑과 은혜를 내려받기 위해서 그분께 매일 시간을 할애해야 한다는 것입니다. 홀로 예수님과 함께 시간을 갖는 것은 성장하고 능력을 갖추는 데 필요한 조건이기 때문입니다.

마태복음을 읽고 예수님의 말씀에 귀 기울여 보십시오. "그때에 예수께서 대답하여 이르시되 천지의 주재이신 아버지여 이것을 지혜롭고 슬기 있는 자들에게는 숨기시고 어린아이들에게는 나타내심을 감사하나이다. 옳소이다. 이렇게 된 것이 아버지의 뜻이니이다. 내 아버지께서 모든 것을 내게 주셨으니 아버지 외에는 아들을 아는 자가 없고 아들과 또 아들의 소원대로 계시를 받는 자 외에는 아버지를 아는 자가 없느니라. 수고하고 무거운 짐 진 자들아 다 내게로 오라. 내가 너희를 쉬게 하리라. 나는 마음이 온유하고 겸손하니 나의 멍에를 메고 내게 배우라. 그리하면 너희 마음이 쉼을 얻으리니 이는 내 멍에는 쉽고 내 짐은 가벼움이라 하시니라"(마 11:25-30).

우리 주님은 자신이 얼마나 온유하고 겸손한지 확실하게 일러주실 것입니다. 경배하기에 앞서 주님과 주님의 사랑을 간절히 바라고 있음을 고백하십시오. 그러면 사랑을 베풀어 주십니다. 이것은 신앙생활을 갓 시작한 사람은 물론이고, 주님을 사랑하는 모든 이에게 해당되는 일입니다.

그리고 이번 장은 우리 주님과 교제하는 삶을 살고 싶어 하는 이에게, 또한 날마다 영적 능력을 경험하고자 하는 이에게 도움이 될 것입니다. 가능한 한 분명하고 충실하고 간절하게 메시지를 전달할 생각입니다. 주님을 위해서, 그리고 그분께 기쁨을 드리기 위해서, 자신을 위해서, 매일 이 복된 경험을 스스로 할 수 있도록 하루도 거르지 않고 예외 없이 주님과 교제하는 데 시간을 할애하는 법을 익히게 될 것입니다. 그러면 속사람은 날로 새로워지게 됩니다.

우리 주님과 교제하는 기쁨

"아들을 낳으리니 이름을 예수라 하라. 이는 그가 자기 백성을 그들의 죄에서 구원할 자이심이라"(마 1:21). 예수 그리스도는 한 인간이셨기에 그분께는 개인적인 이름이 있으셨습니다. 그분의 어머니, 제자들, 모든 친구는 주님을 이와 같은 이름, 곧 예수라 불렀습니다. 그러나 이 사람들은 아마도 그 이름이 의미하는 바에 관해서는 별다른 생각이 없었을지도 모릅니다. 그런데 오늘날 대다수의 그리스도인 역시 바로 그 예수라는 이름에 어떤 보화가 담겨 있는지 거의 제대로 알지 못합니다. "그가 자기 백성을 그들의 죄에서 구원할 자이심이라."

많은 사람이 십자가에서 돌아가신 그분의 죽음이나 천국에서 우리 중보자로서 일하시는 그분의 사역에 관해서는 어느 정도 생각해 보기도 하지만, 예수님이 살아계신 인격체로서 천국에서도 우리를 생각하면서 날마다 우리에게 그분 자신을 계시하기를 갈망하신다는 사실을 깨닫지 못합니다. 주님은 우리가 날마다 그분께 사랑과 경배로 나아오기를 원하십니다.

그리스도인들이 흔히 모든 죄악에서 자신을 건져 달라고 주님께 기도하기도 하지만, 그로 말미암아 얼마나 놀라운 일이 이루어지게 되는지는 거의 알지 못합니다. 살아계신 예수님은 그분 자신을 우리에게 계시하시며 그분의 사랑으로 말미암은 능력을 통하여 죄에 대한 애착이 우리 안에서 떠나가게 하십니다.

예수님이 우리를 온갖 죄악에서 구해주시는 것은 그분과 함께 나누는 인격적인 교제를 통해서입니다. 우리는 한 개인으로서 상한 심령으로, 심지어 우리 마음속에 있는 온갖 죄악조차 그대로 가지고, 하나님의 거룩하심이 고스란히 머물러 있는, 전능하고 인격적인 구세주 예수 그리스도께로 나아가야 합니다. 그리고 우리 마음속에 계신 그분의 성령께서 일하심으로 말미암아, 서로에 대한 사랑과 갈망의 표현으로 그분과 우리가 친교를 나눌 때, 그분의 사랑은 결국 우리 안에 있는 온갖 죄악을 쫓아내고 정복하게 될 것입니다.

오, 그리스도인들이여! 당신은 날마다 예수님과 교제를 나누면서 행복과 거룩함의 비밀을 발견하게 될 것입니다. 당신의 마음은 하루 중에서 가장 멋진 시간으로서 기도하는 시간을 갈망하게 될 것입니다. 날마다 홀로 예수님과 함께 시간을 보내는 법을 배우게 될 때 당신은 그분의 임재를 경험하여 그분을 사랑하며 섬기며 온종일 그분의 길을 걸어갈 수 있게 될 것입니다. 이처럼 그분과 끊어지지 않는 교제를 통해 당신은 진정으로 경건한 생활의 능력을 누리는 영적 비밀을 터득하게 될 것입니다.

영의 양식, 말씀을 먹으라

"사람이 떡으로만 살 것이 아니요. 하나님의 입으로부터 나오는 모든 말씀으로 살 것이라"(마 4:4). 우리 주님이 하나님의 말씀을 매일 먹는 양식에 비유한 이 구절에는 상당히 중요한 교훈이 담겨 있습니다. 음식은 생명을 유지하는 데 절대적으로 필요합니다. 우리는 모두 이것을 잘 알고 있습니다. 사람이 아무리 힘이 넘치더라도 영양을 보충하지 않으면 점차 약해져서 생명을 잃게 됩니다. 하나님의 말씀도 마찬가지입니다.

하늘나라의 원리가 담겨 있고, 믿는 이에게 강력한 영향력을 행사합니다. 음식은 거를 수 없습니다. 우리는 음식에 관련된 모든 것을 알 수 있습니다. 음식을 마련할 수도 있고, 그것을 다른 사람들에게 나눠

줄 수도 있습니다. 우리는 음식을 집 안에, 그리고 식탁에 올려놓아 보관할 수 있지만 그렇다고 해서 그게 도움이 되는 것은 아닙니다. 병이 들어서 먹지 못하면 죽을 수밖에 없습니다.

마찬가지로 하나님의 말씀을 겉핥기로 알거나, 그것을 다른 이들에게 가르쳐도 도움이 되지 않습니다. 하나님의 말씀을 생각하는 것으로는 충분하지 않습니다. 하나님의 말씀을 먹고 마음과 삶에 새겨야 합니다. 사랑과 순종을 통해서 하나님의 말씀을 자기 것으로 삼고, 그것이 마음을 완벽하게 사로잡을 수 있도록 해야 합니다. 그러면 그것들은 실제로 생명의 말씀이 될 수 있습니다.

음식은 하루도 거르지 않고 먹어야 합니다. 하나님의 말씀도 마찬가집니다. 이와 관련해서 시편 기자는 노래합니다. "복 있는 사람은 악인들의 꾀를 따르지 아니하며 죄인들의 길에 서지 아니하며 오만한 자들의 자리에 앉지 아니하고 오직 여호와의 율법을 즐거워하여 그의 율법을 주야로 묵상하는도다"(시 1:1-2). "내가 주의 법을 어찌 그리 사랑하는지요. 내가 그것을 종일 작은 소리로 읊조리나이다"(시 119:97).

강력하고 힘 있는 영적생활을 위해서는 매일 하나님의 말씀을 묵상하는 게 필수적입니다. 예수님은 이 세상에 계실 때 하나님 아버지의 말씀을 사랑하고 배우며 순종했습니다. 그렇기에 우리도 하나님과 교제하고 싶다면 그분의 말씀을 통해서 그분과 만나야 합니다. 그러면 예수님은 평소처럼 말씀을 통해 하나님과 사귀는 법을, 그리고 오직 하나님의 영광과 말씀의 성취를 위해서 살 수 있도록 가르쳐주실 것입니다.

성경, 이렇게 읽으라

"복 있는 사람은 악인들의 꾀를 따르지 아니하며 죄인들의 길에 서지 아니하며 오만한 자들의 자리에 앉지 아니하고 오직 여호와의 율법을 즐거워하여 그의 율법을 주야로 묵상하는도다"(시 1:1-2).

성경 말씀을 읽는 간단한 방법 가운데 몇 가지를 소개하면 다음과 같습니다.

첫째, 하나님의 말씀을 간절하게 경외하면서 읽어야 합니다. 하나님이 말씀하신다고 생각하면서 침묵하며 묵상합니다. 크게 경외하는 마음으로 고개를 숙입니다. 하나님 앞에서 침묵합니다. 하나님이 마음속에 말씀을 계시하게 합니다.

둘째, 아주 주의 깊게 읽어야 합니다. 관심을 기울이지 않고 읽으면서 인간의 이해력으로 그 의미를 파악할 수 있다고 생각하면 겉핥기를 하는 것에 불과하고 깊이 파고 들어가지 못합니다. 누군가 놀랍거나 아름다운 것을 설명할 때 우리는 그 내용을 이해하려고 주의를 집중합니다. 하나님의 생각은 우리의 생각보다 정말 크고 깊습니다. "이는 하늘이 땅보다 높음같이 내 길은 너희의 길보다 높으며 내 생각은 너희의 생각보다 높음이니라"(사 55:9). 하나님의 말씀을 형식적으로 이해하는 것에도 주의를 집중하지 않으면 안 됩니다. 하물며 영적인 의미를 파악하기 위해서는 얼마나 더 노력해야 할까요?

셋째, 하나님 영의 인도하심을 기대하면서 읽어야 합니다. 말씀이 우리 마음과 삶 속에서 살아 있는 능력을 발휘하게 할 수 있는 것은 하나님의 영뿐입니다. 시편 119편을 읽어보십시오. 다윗이 하나님께 가르쳐 달라고, 눈을 뜨게 해달라고, 이해할 수 있게 도와 달라고, 하나님의 길을 따르고 싶은 마음이 들게 해달라고 얼마나 간절히 기도하는지 확인해 보십시오. 읽어내려 가면서 하나님의 말씀과 하나님의 영을 따로 구분할 수 없다는 것을 명심해야 합니다.

넷째, 하나님의 말씀을 밤낮으로 마음과 삶에 간직하겠다는 흔들림 없는 목적을 가지고 읽어야 합니다. 마음과 삶이 완벽하게 말씀의 영향을 받아야 합니다. 다윗은 말합니다. "내가 주의 법을 어찌 그리 사랑하는지요. 내가 그것을 종일 작은 소리로 읊조리나이다"(시 119:97). 이처럼 우리도 온종일 일상에서 하나님의 말씀을 마음에 소중히 간직하고 묵상해야 합니다. 하나님의 말씀을 진정으로 받아들일 때까지 시편 119편을 다시 읽으십시오. 그리고 하나님이 일깨워 주시고 그 교훈을 삶 속에서 실천하게 하실 때까지 기도를 멈추지 마세요.

처음 사랑을 회복하라

"그러나 너를 책망할 것이 있나니 너의 처음 사랑을 버렸느니라"(계 2:4). 요한계시록 2장 2절과 3절은 에베소교회의 열정과 행위를 가리키는 여덟 가지 행적을 언급합니다. "내가 네 행위와 수고와

네 인내를 알고 또 악한 자들을 용납하지 아니한 것과 자칭 사도라 하되 아닌 자들을 시험하여 그의 거짓된 것을 네가 드러낸 것과 또 네가 참고 내 이름을 위하여 견디고 게으르지 아니한 것을 아노라.”

그렇지만 한 가지 그릇된 행적이 있었는데, 주님은 이렇게 말씀하십니다. “만일 그리하지 아니하고 회개하지 아니하면 내가 네게 가서 네 촛대를 그 자리에서 옮기리라”(계 2:5). 그러면 이 행적은 무엇이었습니까? 바로 처음 사랑을 버린 것입니다.

오늘날의 그리스도인과 교회 역시 같은 약점을 지니고 있습니다. 진리에 대한 열정이 있고 지속해서 끈기 있게 사역하고는 있지만 주님이 가장 소중하게 생각하는 것, 즉 주님에 대한 뜨거운 사랑이 식어버린 것입니다.

이것은 매우 중요한 의미가 담긴 지적입니다. 교회와 공동체, 그리고 그리스도인들은 모든 선한 일에서 모범을 보여줄 수 있을지는 모르지만, 골방에서 예수님을 다정하게 사랑하는 모습은 찾아볼 수가 없습니다. 하루도 거르지 않고 예수님과 개인적으로 교제를 나누는 이도 없습니다. 그러나 자신의 만족을 위해서 주님보다 다른 일에 우선순위를 둡니다. 주님은 이러한 행위를 기뻐하지 않으십니다.

나는 이번 장 서두에서 예수님과 교제하는 것에 관해 먼저 거론했습니다. 맞습니다. 모든 일이 여기에 달려 있습니다. 예수님은 하나님 아버지께서 자신을 사랑하신 그 사랑을 우리에게 베풀어 주시려고 하늘에서 찾아오셨습니다. 그분은 우리의 마음이 이 사랑을 향하게 만들기 위해서 고난을 겪으시고 십자가에서 돌아가셨습니다. 그러므로 우리의 깊고 인격적인 사랑 말고는 주님의 사랑을 만족시킬 만한 것이 전혀 없습니다.

예수님은 이것을 매우 중요하게 여기십니다. 우리 역시 그렇게 해야 합니다. 많은 그리스도인과 사역자, 그리고 선교사가 주님의 사역에 관한 온갖 열정에도 불구하고 처음 사랑을 잃어버리는 바람에 기도생활을 하지 못하고 있음을 부끄러워하면서 고백해야 합니다. 나는 당신이 반드시 이 말을 기록하고 거듭해서 떠올리기를 기도합니다. 골방에서나 일상에서나 모든 사역에서 예수님에 대한 사랑이 전부가 되어야 합니다.

오직 그리스도를 위하여

"한 사람이 모든 사람을 대신하여 죽었은즉 모든 사람이 죽은 것이라. 그가 모든 사람을 대신하여 죽으심은 살아 있는 자들로 하여금 다시는 그들 자신을 위하여 살지 않고 오직 그들을 대신하여 죽었다가 다시 살아나신 이를 위하여 살게 하려 함이라"(고후 5:14-15). 여기에는 3중적인 삶이 언급되어 있습니다. 먼저 옛 본성을 따라 살아가는 그리스도인의 삶입니다. 이 사람은 오직 자기 자신만을 위하여 살아갑니다. 둘째는 진정한 그리스도인의 삶입니다. 이 사람은 오직 그리스도를 위하여 살아갑니다. 셋째는 하늘에 계신 그리스도의 삶입니다. 그분은 전적으로 우리를 위하여 살아가고 계십니다.

그리스도인은 오직 자기 자신만을 위하여 살아가는 삶이 얼마나 어리석은 것인지 확실히 깨달을 필요가 있습니다. 우리는 회심하는 과정에서 자신의 구원에 대해서만 생각하고 하나님의 영광에 대해서는 그다지 중요하게 여기지 않았습니다. 또한 그분의 고귀한 보혈로 우리를 구속하신 그리스도께서 각 사람에게 요구하시는 명령에 대해서도 별로 생각하지 않았습니다. 우리는 자신을 위하여 살아가면서 주님을 위해서는 거의 아무것도 하지 않는 삶에 만족하려고 합니다. 그러나 자기 자신을 향한 고귀한 부르심을 받아들여, 하나님을 섬기기 위해 전적으로 자기 인생을 성별하여 주님께 드리는 특권과 축복을 깨닫는 성도는 진정한 행복을 발견하게 될 것입니다.

그러한 삶을 살아가지 못하도록 방해하는 장애물은 불신앙입니다. 사탄은 하나님께 완전히 순복하는 것은 불가능하다고 속삭입니다. 그러나 진리가 우리를 단단히 붙잡을 때 하늘에 계신 그리스도께서 전적으로 우리를 위하여 살아가시며, 그분은 나에게 생명을 내주셔서 내가 오직 그리스도를 위하여 살아갈 수 있게 하십니다. 그러면 이제 우리는 "사랑하는 주 예수님, 이 순간 이후부터 날마다 주님께 드리는 제 기도가 '오직 그리스도를 위하여, 전적으로 그리스도를 위하여'로 바뀌게 하소서"라고 기쁜 마음으로 말할 수 있게 될 것입니다.

사랑하는 형제자매여, 이 외의 다른 어떤 것도 당신의 간절한 소망,

당신의 기도, 당신의 확실한 기대감으로 자리 잡지 않도록 주의하십시오. 또한 "그리스도는 저를 위하여 돌아가셨을 뿐만 아니라 그분께서 값 주고 사신 소유로 저를 지켜주고 성별하시기 위하여 하늘에 살아계십니다"라고 고백하십시오. 그리스도께서 그분의 몸에 붙어 있는 지체로 당신을 지켜주셔서 당신이 그분을 위하여 일하면서 살아가도록 하신다는 이처럼 놀라운 진리를 한번 곰곰이 묵상해 보십시오.

뭇 영혼을 찾아다니고 그분의 백성을 섬기면서 오직 하나님을 위하여 살아가는 은혜를 달라고 기도하십시오. 우리의 속사람이 너무나 강하게 연합하여 온 마음을 다하여 "오직 저를 위하여 자기 자신을 내주시고, 이제는 전적으로 저를 위하여 하늘에 살아계시는 그리스도여! 지금부터 오직 주님만을 위하여 살겠습니다!"라고 고백할 수 있도록 날마다 그분과 함께 시간을 보내십시오.

그리스도의 십자가를 생각하라

"내가 그리스도와 함께 십자가에 못 박혔나니 그런즉 이제는 내가 사는 것이 아니요 오직 내 안에 그리스도께서 사시는 것이라. 이제 내가 육체 가운데 사는 것은 나를 사랑하사 나를 위하여 자기 자신을 버리신 하나님의 아들을 믿는 믿음 안에서 사는 것이라"(갈 2:20). 십자가는 그리스도께 더할 수 없이 커다란 영광입니다. 그리스도께서는 십자가의 죽음에 겸손하셨고, 그래서 하나님 아버지는 그리스도를 높여주셨습니다. 십자가는 사탄과 죄를 정복한 능력이었습니다.

그리스도인은 십자가를 통해 그리스도와 함께합니다. 십자가에 달리신 그리스도께서는 성령을 통해 그리스도인 안에 살아계시고, 십자가의 영이 그리스도인을 격려합니다. 그리스도인이 그리스도께서 십자가에 달리신 능력을 깨닫게 되면 세상과 죄에 대해서 죽은 분과 하나가 되고, 그렇게 해서 능력이 실제 삶 속에서 발휘됩니다. 십자가에 달리신 그리스도께서 우리 안에 거하시기 때문입니다.

우리 주님은 제자들에게 말씀하셨습니다. "제 십자가를 지고 나를 따를 것이니라"(눅 9:23). 제자들이 이 말씀을 이해했을까요? 제자들은 십자가를 지고 가는 사람을 보았기 때문에 십자가에서 고통스럽게 죽는다는 것이 무엇을 뜻하는지 알고 있었습니다. 그리고 그리스도 역시 지상에서의 삶을 사는 동안 세상을 위해서 목숨을 버려야 하는, 처형이라는 자기 십자가를 감당하셨습니다.

그리스도인이라면 자신은 죽어야 마땅한 죄인이라고 고백하면서 그리스도와 함께 십자가에 달리고, 십자가에 달리신 분이 자신 안에 살아 있다는 사실을 인정하면서 자기 십자가를 져야 합니다. "우리가 알거니와 우리의 옛 사람이 예수와 함께 십자가에 못 박힌 것은 죄의 몸이 죽어 다시는 우리가 죄에게 종노릇하지 아니하려 함이니"(롬 6:6). "그리스도 예수의 사람들은 육체와 함께 그 정욕과 탐심을 십자가에 못 박았느니라"(갈 5:24).

우리가 이 십자가의 삶을 받아들이면 사도 바울과 함께 이렇게 고백할 수 있습니다. "그러나 내게는 우리 주 예수 그리스도의 십자가 외에 결코 자랑할 것이 없으니 그리스도로 말미암아 세상이 나를 대하여 십자가에 못 박히고 내가 또한 세상을 대하여 그러하니라"(갈 6:14). 이것은 깊은 영적 진리입니다. 그것에 관해서 생각하고 기도하면 성령께서 일러주실 것입니다.

십자가에 달리신 그리스도의 심정, 곧 그분의 겸손과 세상의 모든 자랑을 희생하신 것과 자기를 부정하는 그분의 영이 당신을 소유하게 하십시오. 그리스도의 죽음의 능력이 당신 안에서 발휘되고 그리스도의 죽음 때문에 그분을 좋아하게 되며 그분과 부활의 능력을 알게 될 것입니다. 그러므로 우리는 그리스도께서 성령을 통해 자신을 십자가에 달린 분으로 알릴 수 있는 교제의 시간을 온전히 가져야 합니다.

즐거운 소리로 기뻐하라

"즐겁게 소리칠 줄 아는 백성은 복이 있나니 여호와여 그들이 주의 얼굴 빛 안에서 다니리로다. 그들은 종일 주의 이름 때문에 기뻐하며 주의 공의로 말미암아 높아지오니"(시 89:15-16). "큰 기쁨의 좋은 소식"(눅 2:10)은 시편에서 "즐거운 소리"(시 33:3, 42:4, 47:1, 51:8, 66:1, 118:15)라고 불리는 천사가 복음의 메시지라고 부른 것입니다. 그러한 복은 하나님의 빛 가운데 걸어가면서 그분의 이름으로 '종일토록' 기뻐하는 하나님의 백성으로 이루어집니다. 전혀 요동하지 않는 교제와 절대 다함없는 기쁨이야말로 그리스도인의 몫입니다. 구약시대에는 이따금 그러한 것이 신자들의 경험으로 자리 잡게 되었습니다. 그러나 거기에는 지속성이 없었습니다. 오히려 구약시대에는 그런 경험을 확실하게 붙잡을 수 없었습니다. 단지 신약시대에만 그런 경험을 안전하게 확보할 수 있었으며 실제로 그렇게 살아갈 수 있었습니다.

우리는 질서가 잘 잡힌 정돈된 가정에서 아버지가 자녀로 인해 기뻐하고 자녀는 아버지의 존재로 말미암아 기뻐하는 모습을 발견하게 됩니다. 이 땅에서 경험하는 행복한 가정의 이와 같은 표지는 하늘에 계신 아버지께서 약속하신 것이며 하나님은 그분의 자녀 가운데서 일하기를 기뻐하십니다. 이 자녀는 하나님의 얼굴빛 안에 다니며 하나님의 이름 때문에 온종일 기뻐하게 됩니다. 그것은 이미 약속된 것입니다. 그것은 하나님의 사랑으로 우리 마음을 가득 채워주시는 성령을 통해 그리스도 안에서 이미 가능해진 것입니다. 그것은 온 마음과 온 힘을 다하여 실제로 하나님을 사랑하기 위해 애쓰는 모든 사람의 기업입니다.

그러나 얼마나 많은 하나님의 자녀가 그것을 불가능하다고 생각하면서 온종일 하나님의 임재 안에서 즐거워하는 삶을 향한 소망과 바람을 포기해 왔습니까! 그러나 그리스도께서는 너무나 명확하게 그것을 약속해 주셨습니다. "내가 이것을 너희에게 이름은 내 기쁨이 너희 안에 있어 너희 기쁨을 충만하게 하려 함이라"(요 15:11). "지금은 너희가 근심하나 내가 다시 너희를 보리니 너희 마음이 기쁠 것이요. 너희 기쁨을 빼앗을 자가 없으리라"(요 16:22).

하나님 아버지께서는 그분의 자녀들이 그분에 대한 완벽한 확신과 그분을 향한 사랑을 가질 수 있기를 바라십니다. 하나님 아버지께서는 자녀의 행복과 권능을 위하여 하루를 살아가면서 매 순간 그분의 임재가 자녀들에게 절실히 필요하다는 사실을 잘 알고 계십니다. 그리고 그리스도께서는 성령의 능력을 통하여 우리 안에서 이와 같은 삶을 지속하게 해주십니다. 그러므로 우리는 이와 같은 즐거운 소리를 알고 있는 사람에게 허락되는 복 이외에는 다른 어떤 것에도 만족하지 않도록 주의해야 합니다. "여호와여 그들이 주의 얼굴 빛 안에서 다니리로다. 그들은 종일 주의 이름 때문에 기뻐하며 주의 공의로 말미암아 높아지오니 주는 그들의 힘의 영광이심이라. 우리의 뿔이 주의 은총으로 높아지오리니"(시 89:15-17).

하나님 아버지께서는 우리를 향한 하나님의 뜻 안으로 점점 더 깊이 들어가려고 노력할수록 그분의 자녀가 주의 얼굴빛 안에서 다니며, 종일 주의 이름 때문에 기뻐하는 것 외에는 다른 어떤 것에도 만족하실 수 없다는 믿음이 우리 안에서 점점 더 강해질 것입니다. 우리는 하나님 아버지께서 우리에게 진심을 담아 말씀하신 것이 그리스도와 성령을 통하여 우리 안에서 충분히 이루어질 것이라고 얼마든지 확신할 수 있습니다.

세상을 사랑하지 말라

"이 세상이나 세상에 있는 것들을 사랑하지 말라. 누구든지 세상을 사랑하면 아버지의 사랑이 그 안에 있지 아니하니 이는 세상에 있는 모든 것이 육신의 정욕과 안목의 정욕과 이생의 자랑이니 다 아버지께로부터 온 것이 아니요. 세상으로부터 온 것이라. 이 세상도, 그 정욕도 지나가되 오직 하나님의 뜻을 행하는 자는 영원히 거하느니라"(요일 2:15-17).

사도 요한은 '세상'이라는 말이 의미하는 바를 우리에게 명확하게 가르쳐줍니다. 요한은 "이는 세상에 있는 모든 것이 육신의 정욕과 안목의 정욕과 이생의 자랑이니 다 아버지께로부터 온 것이 아니요. 세상으로부터 온 것이라"(요일 2:16)고 선포하였습니다. 여기서 세상이란 인간이 죄를 지음으로 말미암아 빠져들게 되는 경향이나 권세입니다. 그리고 이 세상에 속한 신은 사람을 속이기 위하여 하나님이 창조하신 형상 뒤로 자기 자신을 숨깁니다. 온갖 쾌락으로 가득한 세상은 각종 유혹으로 날마다 그리스도인들을 에워싸고 있습니다.

에덴동산의 하와 역시 마찬가지 상황에 부닥쳤습니다. 창세기 3장 6절에서 우리는 요한이 언급한 세 가지 특징을 발견하게 됩니다. 첫째, 육신의 정욕입니다. "여자가 그 나무를 본즉 먹음직도 하고." 둘째는 안목의 정욕입니다. "보암직도 하고." 셋째는 이생의 자랑입니다. "지혜롭게 할 만큼 탐스럽기도 한 나무인지라." 온 세상은 지금도 여전히 주로 육신의 욕망을 기쁘게 하는 먹음직한 음식을 제공하려고 우리에게 다가옵니다. 세상은 부와 미와 사치를 포함하여 우리 눈에 보암직한 것을 엄청나게 많이 제공합니다. 또한 어떤 사람이 모든 것을 알고 이해한다고 생각하면서 우쭐댈 때 세상은 이생의 자랑을 우리에게 제공합니다.

이 세상을 살아가는 인생에도 우리의 육신을 유혹하는 온갖 위험이 가득하지 않습니까? 너무나 많은 것이 우리의 눈과 마음을 차지하려고 애쓰면서, 너무나 많은 세상의 지혜와 지식이 넘쳐나고 있지 않습니까? 그래서 사도 요한은 "이 세상이나 세상에 있는 것들을 사랑하지 말라. 누구든지 세상을 사랑하면 아버지의 사랑이 그 안에 있지 아니하니"(요일 2:15)라고 우리에게 경고하였습니다. 주님은 마치 제자들을 부르셨던 것처럼 모든 것을 내려놓고 그분을 따르라고 우리를 부르고 계십니다.

그리스도인들이여, 우리는 위험한 세상에 살고 있습니다. 그러므로 우리 주 예수 그리스도께 단단히 붙어 있어야 합니다. 세상과 온갖 유혹을 피하라고 말씀하시는 주님의 가르침을 순순히 받아들일 때 당신의 사랑은 충성스러운 마음으로 그분을 섬기면서 나아가게 될 것입니다. 그러나 이를 위해서는 날마다 예수님과 교제를 나누어야 한다는 사실을 기억해야 합니다. 오직 그분의 사랑만이 세상을 향한 그릇된 사랑을 물리칠 수 있습니다. 우리 주님과 홀로 만나는 시간을 가지십시오.

언제나 가까이 계신 하나님

"하나님을 가까이하라. 그리하면 너희를 가까이하시리라"(약 4:8). 하나님의 거룩하심은 죄로 물든 인간과 무한히 떨어져 계신 하나님이 구속의 은총을 통해서 결합하는 것이라는 말이 있습니다. 믿음을 갖기 위해서는 멀리 떨어져 있는 것과 가까이 있는 것을 모두 깨닫기 위해 노력하지 않으면 안 됩니다.

하나님은 그리스도 안에서 아주 가깝게 우리를 찾아오셨고, 이제는 이렇게 명령하십니다. 즉 하나님을 더 가깝게 다가오시게 하고 싶다면 그분을 가까이해야 한다는 것입니다. "볼지어다. 내가 세상 끝날까지 너희와 항상 함께 있으리라"(마 28:20)는 약속을 통해 예수 그리스도께서 함께 있겠다고 말씀하신 내용은 우리가 그분께 가까이 다가서는 순간에만 경험할 수 있습니다.

그것은 하루를 새롭게 시작할 때마다 주님의 거룩한 임재가 임할 수 있도록 일차적으로 우리 자신을 포기한다는 뜻입니다. 자발적으로, 생각을 담아서, 그리고 있는 힘껏 세상과 등지고서 하나님이 자신을 우리의 영혼에게 알려주시기를 기다린다는 뜻입니다. 시간과 마음과 힘을 모두 바치고 주님이 자신을 계시하도록 한다는 뜻입니다. 하루도 거르지 않고 주님의 말씀을 크게 기대하고 어린아이처럼 신뢰하지 않으면 그리스도께서 온종일 임재하시는 것은 기대할 수 없습니다. "하나님을 가까이하라. 그리하면 너희를 가까이하시리라."

더 나아가서 이 말씀은 모든 면에서 우리 자신과 우리의 삶을 오직 주님의 뜻에 따라서 단순하게 어린아이처럼 바치고 무엇보다 그분을 즐겁게 하는 데 힘써야 한다는 뜻입니다. 우리 주님은 분명히 약속하십니다. "사람이 나를 사랑하면 내 말을 지키리니 내 아버지께서 그를 사랑하실 것이요 우리가 그에게 가서 거처를 그와 함께하리라"(요 14:23).

그러면 임재가 강하게 느껴지지 않아도 하나님께서 우리와 함께하신다는 확실한 믿음이 찾아올 것입니다. 우리가 하나님의 뜻을 실천하러 밖으로 나서면 우리를 지켜보시고 보호하시며, 주님을 위한 사역을 감당할 수 있는 거룩한 능력으로 우리 속사람에게 힘을 실어주실 것입니다.

하나님의 자녀라면 아침마다 이 말씀에 새로운 의미를 부여하고 받아들여야 합니다. "하나님을 가까이하라. 그리하면 너희를 가까이 하시리라." 그리고 인내하면서 기다리면 주님이 거룩하신 능력으로 말씀하실 것입니다. "볼지어다. 내가 세상 끝날까지 너희와 항상 함께 있으리라."

하나님에 대해 변치 않는 믿음

"내가 능히 이 일 할 줄을 믿느냐. 대답하되 주여 그러하오이다"(마 9:28). "믿는 자에게는 능히 하지 못할 일이 없느니라 하시니 곧 그 아이의 아버지가 소리를 질러 이르되 내가 믿나이다. 나의 믿음 없는 것을 도와주소서 하더라"(막 9:23-24). "예수께서 이르시되 나는 부활이요 생명이니 나를 믿는 자는 죽어도 살겠고 무릇 살아서 나를 믿는 자는 영원히 죽지 아니하리니 이것을 네가 믿느냐. 이르되 주여 그러하외다. 주는 그리스도시요 세상에 오시는 하나님의 아들이신 줄 내가 믿나이다"(요 11:25-27).

우리는 마르다가 예수님의 질문에 대답한 것처럼 예수님에 관해서 보고 들은 것을 진심으로 고백할 수 있는 준비가 되어 있습니다. "주여 그러하외다. 주는 그리스도시요 세상에 오시는 하나님의 아들이신 줄 내가 믿나이다"(요 11:27). 그렇지만 그리스도께서 부활의 생명 능력과 언제나 임재하기로 약속하신 것을 믿게 될 순간에 도달하면 다음과 같이 말하는 게 쉽지 않다는 사실을 알게 됩니다. "이렇게 전능하고 무소부재하고 불변하신 그리스도, 곧 우리를 구속하시는 하나님이 무슨 일을 하든지 나와 늘 함께하시고 거룩한 임재를 항상 의식하게 하실 것을 나는 믿습니다." 과감하게 시도하기에는 너무 어려운 일처럼 보입니다. 그렇지만 주님이 요구하시고 우리 안에서 역사하시기를 기대하는 것이 바로 이런 믿음입니다.

그리스도께서 경험을 통해 우리에게 임재 비밀을 계시하실 때 제안하신 조건이 무엇인지 확실하게 이해하는 것이 좋습니다. 하나님은 우리가 바라지 않는 축복을 억지로 안기지 않으십니다. 하지만 그런 마음이 일어나도록 온갖 방법을 동원하시고 직접 허락하신 약속을 실행할 수 있는 능력을 우리가 소유할 수 있도록 기꺼이 우리를 도와주십니다.

그리스도께서 죽으셨다가 부활하셨다는 것은 하나님 약속의 강력한 근거이자 아주 효과적인 주장입니다. 하나님이 우리의 모든 죄악과 저주의 짐을 지고 죽으신 그리스도를 살릴 수 있었다면, 그리스도께서 죽음을 정복하고 우리에게 부활과 생명이 되시기 때문에 그리스도께서 함께하신다는 약속을 우리 마음속에서 성취하실 수 있습니다. 그리고 하나님께서 직접 언제나 우리의 생명이 되어주실 것입니다.

그러나 우리는 우리의 주님이시며 구속하시는 하나님이 되어주시는 그리스도에 대해서 말하고 본 바를 근거로 삼을 수 있는지, 그리스도의 말씀을 신적 의미대로 아주 단순하게 받아들이면서 "볼지어다.

내가 세상 끝날까지 너희와 항상 함께 있으리라"는 약속을 기꺼이 의지할 수 있는지 자문해 보아야 합니다. 그리고 그것은 그리스도께서 우리에게 "이것을 네가 믿느냐"(요 11:26)라고 물으실 때 주님 앞에 엎드리며 "주여 그러하외다. 내가 믿나이다"(요 11:27)라고 말할 수 있을 때까지 멈춰서는 안 됩니다.

높으신 하나님을 경외하기

"여호와를 경외하며 그의 계명을 크게 즐거워하는 자는 복이 있도다"(시 112:1). "하나님을 경외한다"는 표현은 구약성경의 신앙을 요약한 것입니다. 그리고 그것은 신약성경의 더욱 풍성한 삶을 지탱하는 토대가 됩니다. 거룩한 두려움이라는 선물은 계속해서 하나님 자녀의 강력한 갈망이며 주변 세계에 진정한 영향을 미칠 수 있는 삶의 본질을 형성합니다. 그것은 예레미야서에 기록된 새로운 계약에 대한 위대한 약속 가운데 한 가지에 해당합니다. "내가 그들에게 복을 주기 위하여 그들을 떠나지 아니하리라 하는 영원한 언약을 그들에게 세우고 나를 경외함을 그들의 마음에 두어 나를 떠나지 않게 하고"(렘 32:40).

우리는 사도행전에서 두 가지 완벽한 결합을 발견합니다. "교회가 평안하여 든든히 서 가고 주를 경외함과 성령의 위로로 진행하여 수가 더 많아지니라"(행 9:31). 그리고 사도 바울은 그리스도인의 삶에서 경외에 대하여 한 번 더 강조합니다. "그런즉 사랑하는 자들아 이 약속을 가진 우리는 하나님을 두려워하는 가운데서 거룩함을 온전히 이루어 육과 영의 온갖 더러운 것에서 자신을 깨끗하게 하자"(고후 7:1).

지금 우리 시대가 청교도나 장로주의를 선택한 이들의 시대와 비교할 수 없을 정도로 하나님을 경외하는 법을 잊어버렸다는 지적을 종종 접하게 됩니다. 그 때문에 하나님의 말씀을 읽는 것과 교회에서의 예배를 비난하는 명분이 한둘이 아닙니다. 초대교회의 특징인 부단한 기도의 영이 사라진 것도 이상할 게 없습니다.

우리는 앞에서 소개한 것과 같은 성경 구절을 설명해야 하고, 신앙이 오래되지 않은 이들은 하나님을 크게 경외해야 할 필요성과 축복을 충분히 교육받아서 믿음생활의 본질 가운데 바탕이 되는 끝없는 기도의 자세를 갖춰야 합니다.

골방에서 이 은총을 간절히 간구해 봅시다. 하늘로부터 들려오는 다음과 같은 말씀에 귀 기울여 봅시다. "주여 누가 주의 이름을 두려워하지 아니하며 영화롭게 하지 아니하오리이까. 오직 주만 거룩하시니이다"(계 15:4). "그러므로 우리가 흔들리지 않는 나라를 받았은즉 은혜를 받자. 이로 말미암아 경건함과 두려움으로 하나님을 기쁘시게 섬길지니"(히 12:28).

우리가 "여호와를 경외하며 그의 계명을 크게 즐거워하는 자는 복이 있도다"는 말씀을 가슴에 새기고, 여기에 가장 커다란 축복의 비밀이 담겨 있음을 확신한다면 거룩한 성전을 향해서 하나님께 나아갈 때마다 경외하며 예배하기에 힘쓸 것입니다. "여호와를 경외함으로 섬기고 떨며 즐거워할지어다"(시 2:11).

하나님을 즐거워하라

"너희 의인들아 여호와를 즐거워하라"(시 33:1). 찬양은 언제나 경배의 일부가 됩니다. 경배는 하나님의 임재에 들어가서 교제를 나누게 될 때 늘 그분의 이름을 찬양하도록 인도할 것입니다. 경건의 시간을 가질 때 찬양은 하나님 앞에 가져가는 향 일부가 되어야 합니다.

이스라엘 자손들이 홍해에서 하나님의 백성으로 태어났을 때 이집트의 권력에서부터 구원받게 되자 모세의 노래처럼 구속의 기쁨이 찬송으로 터져 나왔습니다. "여호와여 신 중에 주와 같은 자가 누구니이까. 주와 같이 거룩함으로 영광스러우며 찬송할 만한 위엄이 있으며 기이한 일을 행하는 자가 누구니이까"(출 15:11).

시편을 보면 영적생활에서 찬양이 얼마나 큰 역할을 담당해야 하는지 확인할 수 있습니다. 찬양이 60편 이상 포함되어 있고, 끝 장으로 갈수록 더욱 자주 등장합니다. 시편 95~101편, 103~107편, 111~118편, 134~138편, 144~150편이 그렇습니다.

시편의 마지막 다섯 편은 할렐루야 시편이라서 처음과 마지막에 "여호와를 찬양하라"는 표현을 사용합니다. 그리고 맨 마지막 시편은 각각의 절마다 찬양하라는 말을 반복하면서 "호흡이 있는 자마다 여호와를 찬양할지어다"라는 말로 끝맺습니다.

우리의 마음과 삶이 하나 되어 끊임없이 찬양하게 될 때까지 시간을 갖고서 다음의 말씀을 묵상해야 합니다. "내가 여호와를 항상 송축함이여 내 입술로 항상 주를 찬양하리이다"(시 34:1). "내가 날마다 주를 송축하며 영원히 주의 이름을 송축하리이다"(시 145:2). "나의 생전에 여호와를 찬양하며 나의 평생에 내 하나님을 찬송하리로다"(시 146:2).

그리스도께서 세상에 찾아오셨을 때 천사들, 마리아, 사가랴, 시므온의 입에서 찬양이 터져 나왔습니다. 그리고 모세와 어린양의 노래(계 15:3-4)를 보면 하나님에 대한 찬양이 세상을 가득 채웁니다. "하나님의 종 모세의 노래, 어린양의 노래를 불러 이르되 주 하나님 곧 전능하신 이시여 하시는 일이 크고 놀라우시도다. 만국의 왕이시여 주의 길이 의롭고 참되시도다. 주여 누가 주의 이름을 두려워하지 아니하며 영화롭게 하지 아니하오리이까. 오직 주만 거룩하시니이다. 주의 의로우신 일이 나타났으매 만국이 와서 주께 경배하리이다 하더라."

다른 부분은 네 차례나 할렐루야와 아멘을 반복하다가 "주 우리 하나님 곧 전능하신 이가 통치하시도다"라는 찬양으로 끝맺습니다. "이 일 후에 내가 들으니 하늘에 허다한 무리의 큰 음성 같은 것이 있어 이르되 할렐루야 구원과 영광과 능력이 우리 하나님께 있도다. 그의 심판은 참되고 의로운지라. 음행으로 땅을 더럽게 한 큰 음녀를 심판하사 자기 종들의 피를 그 음녀의 손에 갚으셨도다 하고 두 번째로 할렐루야 하니 그 연기가 세세토록 올라가더라. 또 이십사 장로와 네 생물이 엎드려 보좌에 앉으신 하나님께 경배하여 이르되 아멘 할렐루야 하니 보좌에서 음성이 나서 이르시되 하나님의 종들 곧 그를 경외하는 너희들아 작은 자나 큰 자나 다 우리 하나님께 찬송하라 하더라. 또 내가 들으니 허다한 무리의 음성과도 같고 많은 물 소리와도 같고 큰 우렛소리와도 같은 소리로 이르되 할렐루야 주 우리 하나님 곧 전능하신 이가 통치하시도다"(계 19:1-6).

하나님의 자녀라면 당연히 은밀한 골방에서 하나님과 조용한 시간을 보냄으로써 마음에 찬양이 끊이지 않아야 합니다.

오직 하나님만을 위한 삶

"하늘에서는 주 외에 누가 내게 있으리요. 땅에서는 주밖에 내가 사모할 이 없나이다"(시 73:25). "홀로 하나님과 지낸다"는 표현에는 무엇보다 중요한 의미가 담겨 있습니다. 그런 깊은 수준에 도달하도록 하나님께 은총을 구해야 합니다. 그러면 우리는 역시 동일하게 깊은 수준의 의미를 가진 또 다른 표현, 즉 "오직 하나님만을 위하여"라는 표현이 존재한다는 사실을 깨닫게 됩니다. 또한 우리가 이렇게 지속해서 홀로 하나님과 지내는 것이 그리 쉽지 않다는 사실을 알게 되면 우리가 오직 하나님만을 바라지 않기 때문이라는 사실도 깨닫게 됩니다.

하나님은 유일하시고 홀로 영광받으실 분이라서 자신에게 전적으로 집중하도록 요구할 수 있는 권리를 갖고 계십니다. 우리가 이런 태도를 보이지 않는다면 하나님은 능력을 드러내지 않으십니다. 우리는 구약성경에서 아브라함과 모세, 엘리야와 다윗과 같은 하나님의 종들이 하나님께 전적으로, 제한 없이 자신을 바침으로써 하나님이 그들을 통해 계획을 성취할 수 있었다는 사실을 접하게 됩니다. 이처럼 완벽하게 헌신한 사람만이 하나님께서 약속하신 모든 것을 완벽하게 신뢰할 수 있습니다.

누구든지 위대한 일을 하고자 한다면 그것에 전적으로 헌신해야 하는 것은 당연한 이치입니다. 이 법칙은 자녀에 대한 어머니의 사랑에 특히 적합합니다. 어머니는 사랑하는 어린 자녀에게 남김없이 헌신합니다. 그렇다면 위대하신 사랑의 하나님이 전적으로 우리를 돌보신다고 생각하는 게 터무니없는 일일까요? 그리고 우리는 매일 아침 자리에서 일어날 때 "오직 하나님만을 위하여"라는 표어를 경건의 중심으로 삼으면 안 되는 것일까요? 하나님은 우리에게 자신을 허락하셨듯이 우리가 자신을 하나님께 온전히 바치기를 전적으로 원하십니다.

우리는 골방에서 홀로 하나님과 지내면서 이것을 묵상하고 하나님이 보시기에 기쁜 일을 그분의 강력한 능력으로 우리 안에서 모두 행하시도록 간절히 간구해야 합니다. 오직 하나님만 위한 삶! 이 얼마나 귀한 특권인지 모릅니다. 그것에 적합한 삶을 살 수 있다니, 이 얼마나 놀라운 은혜인지 알 수 없습니다. 오직 하나님만을 위한 삶! 영혼이 그것의 의미와 하나님이 그것을 통해서 허락하시는 것을 익히게 된다면 정말 대단한 축복이 당신에게 임할 것입니다. "온 유다가 이 맹세를 기뻐한지라. 무리가 마음을 다하여 맹세하고 뜻을 다하여 여호와를 찾았으므로 여호와께서도 그들을 만나주시고 그들의 사방에 평안을 주셨더라"(대하 15:15). "내가 전심으로 주를 찾았사오니 주의 계명에서 떠나지 말게 하소서"(시 119:10).

온 마음과 온 힘을 다하여

"내가 전심으로 주를 찾았사오니 주의 계명에서 떠나지 말게 하소서"(시 119:10). 시편 119편에서 시편 기자가 온 마음을 다하는 전심에 대하여 얼마나 자주 언급하고 있는지 한번 주목해 보십시오. "여호와의 증거들을 지키고 전심으로 여호와를 구하는 자는 복이 있도다"(2절). "나로 하여금 깨닫게 하여주소서. 내가 주의 법을 준행하며 전심으로 지키리이다"(34절). "교만한 자들이 거짓을 지어 나를 치려 하였사오나 나는 전심으로 주의 법도들을 지키리이다"(69절). "여호와여 내가 전심으로 부르짖었사오니 내게 응답하소서. 내가 주의 교훈들을 지키리이다"(145절). 하나님을 찾으면서, 주의 법을 지키는 데서, 주님의 도움을 구하려고 부르짖으면서 시편 기자는 매번 온 마음을 다하여 임했습니다.

어떤 세상의 일에서 나름대로 성공을 거두고 싶을 때 우리는 거기에 전심전력을 다 쏟아붓습니다. 그렇다면 거룩하신 하나님을 섬기는 일에는 이보다 훨씬 더 많은 정성을 기울여야 하지 않겠습니까? 하나님이 그럴 만한 가치가 없는 분이란 말입니까? 그것이 아닙니다. 하나님의 위대한 거룩하심과 하나님이 우리 마음속에 심어주시는 자연스러운 순종이 하나님께 더 많은 정성을 기울이라고 요구하고 있습니다. 그러므로 우리는 하나님을 예배하면서 하나님을 섬기는 데 반드시 온 마음을 다해야 합니다.

그런데 대다수의 그리스도인은 이에 대하여 얼마나 적게 생각하는지 모릅니다. 그 사람들은 기도하는 중에, 하나님의 말씀을 읽으면서, 하나님의 뜻을 준행하려고 애쓰면서 "내가 전심으로 주를 찾았사오니"라고 계속해서 고백하는 것이 얼마나 필요한지 제대로 기억하지 못합니다. 그렇습니다. 우리는 기도할 때, 하나님의 말씀을 이해하려고 애쓸 때, 그분의 명령을 순종하려고 노력할 때 "내가 전심으로 하나님을 찾고, 전심으로 하나님을 섬기며, 전심으로 하나님을 기쁘게 하기를 원하나이다"라고 고백해야 합니다.

또한 사랑하는 성도여, 이 말씀을 마음에 새겨두십시오. "내가 전심으로 주를 찾았사오니." 거듭 되풀이해서 이 말씀을 생각하십시오. 이 말씀으로 기도하십시오. "제가 고백한 것은 정말 진심이에요. 하나님께서 제 기도를 듣고 계신다고 확신해요"라고 느낄 때까지 하나님 앞에서 그 말씀을 큰 소리로 외치십시오. 기도하면서 하나님 앞으로 가까이 나아갈 때마다 이렇게 고백하십시오. "내가 전심으로 주를 찾았사오니." 머지않아 당신은 거룩한 고요 속에서 하나님을 기대할 필요성을 절감하게 될 것입니다. 그러면 하나님께서 당신의 온 마음을 소유하게 될 것이며 당신은 온 마음과 온 힘을 다하여 하나님을 사랑하는 법을 배우게 될 것입니다.

여호와 하나님을 사랑하라

"너는 마음을 다하고 뜻을 다하고 힘을 다하여 네 하나님 여호와를 사랑하라"(신 6:5). 여호와 하나님은 아브라함에게 온 마음을 다하여 그분을 믿는다는 게 어떤 의미인지 가르쳐주셨습니다. 그러므로 아브라함은 "믿음이 없어 하나님의 약속을 의심하지 않고 믿음으로 견고하여져서 하나님께 영광을 돌리며 약속하신 그것을 또한 능히 이루실 줄을 확신"(롬 4:20-21)하였습니다.

모세는 이스라엘 백성에게 무엇이 가장 크고 첫째 되는 계명인지 가르쳐 주었습니다. 온 마음을 다하여 하나님을 사랑하는 것이 바로 그 계명입니다. 여기서 다른 모든 것이 자연스럽게 흘러나옵니다. 거기에는 하나님과 인간 사이의 관계에서 근본을 이루는 기초가 자리 잡고 있습니다. 사랑 많으신 창조주로서의 하나님과 그 사랑의 대상으로서 하나님의 형상으로 만들어진 인간 사이에 말입니다. 절대 다른 방법이 있을 수 없습니다.

인간은 단 한 가지 일에서 자신의 생명과 운명, 그리고 행복을 찾습니다. 곧 온 마음과 힘을 다하여 하나님을 사랑하는 것입니다. 모세는 "여호와께서 오직 네 조상들을 기뻐하시고 그들을 사랑하사"(신 10:15)라고 말했습니다. 그러한 하나님은 무한히 사랑받을 만한 가치가 있는 분이셨습니다. 그러므로 우리도 하나님을 향한 모든 신앙, 하나님을 믿는 모든 믿음, 하나님에 대한 순종에 있어서 단 한 가지 생각으로 영감을 받아야 합니다. 곧 우리는 온 마음과 온 힘을 다하여 하나님을 사랑해야 한다는 생각 말입니다. 하나님의 자녀가 감당해야 할 첫 번째 의무는 날마다 이 명령대로 사는 것입니다.

그러나 이스라엘 백성들은 이 계명에 순종하지 않았습니다. 항상 살피고 인도해 주시는 하나님의 사랑을 전적으로 의지하지 못했습니다. 항상 동행하며 은혜를 베푸시는 하나님의 축복을 헌신짝처럼 내던져 버렸습니다. 하지만 죄악으로 가득 찬 백성들에게 하나님이 내리실 심판에 대하여 언급한 뒤에야 그들은 회개하였고, 모세는 다음과 같은 약속을 선포할 수 있었습니다.

"네 하나님 여호와께서 네 마음과 네 자손의 마음에 할례를 베푸사 너로 마음을 다하며 뜻을 다하여 네 하나님 여호와를 사랑하게 하사 너로 생명을 얻게 하실 것이며"(신 30:6). 그리고 이 약속에 대하여 하나님은 "또 그 안에서 너희가 손으로 하지 아니한 할례를 받았으니 곧 육의 몸을 벗는 것이요 그리스도의 할례"(골 2:11)로 그렇게 하실 것이라고 말씀하셨습니다.

　이 복된 약속은 새 언약의 첫 번째 암시였습니다. 선지자 예레미야는 성령으로 말미암아 백성의 마음에 새겨진 법을 예언하여 이스라엘 백성들이 더는 하나님을 떠나지 않고 하나님의 길을 걸어가도록 하였습니다. "그러나 그날 후에 내가 이스라엘 집과 맺을 언약은 이러하니 곧 내가 나의 법을 그들의 속에 두며 그들의 마음에 기록하여 나는 그들의 하나님이 되고 그들은 내 백성이 될 것이라. 여호와의 말씀이니라"(렘 31:33). 그러나 얼마나 많은 그리스도인이 이것을 제대로 이해하지 못하고 있단 말인가요! 얼마나 쉽게 그것은 불가능하다는 생각에 안주하고 있단 말인가요!

　다음과 같은 이중적인 교훈을 배워야 합니다. 온 힘을 다하여 하나님을 사랑하는 온전한 마음은 하나님이 요구하시는 것이며, 하나님이 지극히 가치 있게 여기시는 것이고, 하나님이 그분 자신을 내주시면서 당신 안에서 일하시도록 하는 이유이자 동기라는 교훈 말입니다. 그러므로 온 영혼이 믿음으로 나아가 약속의 성취를 기다리고 경험해야 합니다. 온 마음을 다하여 하나님을 사랑해야 합니다. "소망이 우리를 부끄럽게 하지 아니함은 우리에게 주신 성령으로 말미암아 하나님의 사랑이 우리 마음에 부은 바 됨이니"(롬 5:5). 이것이 온 마음을 다하여 하나님을 사랑하는 은혜를 가장 확실하고 복되게 만듭니다.

평강의 하나님과 완전한 성화

"평강의 하나님이 친히 너희를 온전히 거룩하게 하시고 또 너희의 온 영과 혼과 몸이 우리 주 예수 그리스도께서 강림하실 때에 흠 없게 보전되기를 원하노라. 너희를 부르시는 이는 미쁘시니 그가 또한 이루시리라"(살전 5:23-24). 이 얼마나 놀라운 약속이란 말입니까! 누구나 하나님의 모든 자녀가 여기에 매달리면서 이 약속의 성취를 바라는 모습을 보게 되리라고 기대할 것입니다. 그러나 불행히도 불신앙은 이 약속을 도무지 어떻게 생각해야 할지 알지 못하며, 아주 소수의 사람만이 그 약속에 담겨 있는 보화와 기쁨을 받아들이게 됩니다.

"평강의 하나님이." 오직 하나님이 십자가의 보혈로 만든 평강, 모든 이해를 넘어서는 평강, 예수 그리스도 안에서 우리 마음과 생각을 지켜주는 평강만이 우리를 거룩하게 할 수 있고 거룩하게 할 것입니다. 이와 같은 평강의 하나님이 친히 우리를 성별하시겠다고, 그리스도 안에서 우리의 성화를, 성령의 성화를 통하여 "온전히 거룩하게 하시겠다고" 약속하십니다. 그 일을 행하고 계신 분이 바로 하나님이십니다. 우리가 거룩하게 되는 것은 하나님 자신과의 친밀하고 개인적인 교제 안에서 가능합니다.

우리는 모두 그와 같은 소망으로 말미암아 넘치는 기쁨으로 즐거워해야 하지 않겠습니까? 그러나 이것이 우리 가운데 많은 사람에게는 마치 너무나 커다란 약속인 것처럼 여겨져서 마냥 그런 식으로 되풀이 되고 확대되기도 합니다. 그러나 당신의 영(하나님과 교제를 나누도록 창조된 당신 존재의 가장 깊숙한 부분)과 혼(생명이 머무는 자리이자 그에 따른 모든 힘의 집결지)과 몸(이를 통하여 죄가 들어왔으며, 심지어 그 안에서 죄가 죽음에 대해서도 권세를 떨쳤지만, 결국에는 그리스도 안에서 구속된 영역)이 다 함께 그리스도께서 강림하실 때 아무런 흠 없이 보전되기를 기도합니다.

그것이 너무 거대한 약속이라서 문자 그대로 이루어질 수 없다는 말처럼 어떤 오해의 소지를 막기 위해서는 그러한 말에 이번 단락의 본문 말씀을 덧붙여야 합니다. "너희를 부르시는 이는 미쁘시니 그가 또한 이루시리라"(살전 5:24). 그렇습니다. 하나님은 "나 여호와가 말하였으니 (그리스도 안에서, 그리고 성령을 통하여) 이루리라"(겔 36:36)고 말씀하셨습니다. 이처럼 하나님은 날마다 그분과 친밀한 교제 가운데로 나아와 머물러 있기만 하라고 요청하고 계십니다. 햇볕이 우리의 몸을 비춰서 따뜻하게 해주는 것처럼 하나님의 거룩한 불이 우리 안에서 타올라 우리를 거룩하게 만들 것입니다.

하나님의 자녀여, 불신앙을 깨우쳐야 합니다. 불신앙은 하나님을 불명예스럽게 만들며 당신의 영혼에서 훌륭한 유산을 빼앗아 갑니다. 그러니 이 말씀을 피난처로 삼으십시오. "너희를 부르시는 이는 미쁘시니 그가 또한 이루시리라"(살전 5:24). 당신의 고귀하고 거룩한 부르심에 관한 생각이 다음과 같은 반응을 끌어내도록 하십시오. "너희를 부르시는 이는 미쁘시니 그가 또한 이루시리라." 그렇습니다. 하나님이 이루실 것입니다. 그러니 하나님은 그분과 가까이 머물러 있도록 당신에게 은혜를 주셔서 오직 하나님만이 줄 수 있는 완전한 평강과 거룩함이라는 보호막 아래 항상 머물러 있도록 하실 것입니다. "예수께서 이르시되 할 수 있거든이 무슨 말이냐. 믿는 자에게는 능히 하지 못할 일이 없느니라"(막 9:23).

모든 은혜가 충만하신 하나님

"모든 은혜의 하나님 곧 그리스도 안에서 너희를 부르사 자기의 영원한 영광에 들어가게 하신 이가 잠깐 고난을 당한 너희를 친히 온전하게 하시며 굳건하게 하시며 강하게 하시며 터를 견고하게 하시리라"(벧전 5:10). 히브리서 기자는 "모든 선한 일에 너희를 온전하게 하사"(히 13:21)라는 놀라운 약속 안에 있는 모든 가르침을 일일이 모아놓고 있습니다. 베드로도 여기서 그와 같은 일을 하였습니다. "모든 은혜의 하나님이… 친히 온전하게 하시며 굳건하게 하시며 강하게 하시며 터를 견고하게 하시리라." 하나님만이 날마다 우리 신뢰의 유일한 대상이 되셔야 합니다. 우리가 자기의 일, 필요, 삶, 그리고 마음의 모든 소원을 생각할 때마다 하나님이 우리의 소망과 신뢰의 유일한 대상이 되어야 합니다.

하나님이 온 우주의 중심이자 온 우주가 힘을 발휘하는 유일한 원천이며 온 우주의 움직임을 명령하고 다스리는 유일한 안내자이신 것과 마찬가지로, 또한 그분은 모든 그리스도인의 삶 속에서 역시 그와 같은 위치를 차지해야 합니다. 새로운 날을 맞이할 때마다 "오직 하나님 한 분만이 내 삶 가운데서 살아가기를 원하시는 대로 오늘 하루를 살아가도록 도와주실 수 있다"는 생각이 가장 먼저, 가장 중요하게 떠올라야 합니다.

그렇다면 이와 같은 하나님에 대하여 우리는 과연 어떤 태도를 보여야 할까요? 우리가 날마다 가장 먼저 품는 생각이 우리 자신을 겸손하게 그분의 손에 내드리고, 우리가 절대적으로 무력함을 솔직히 고백하면서 하나님이 그분의 약속을 성취하도록 어린아이 같은 순종으로 우리 자신을 내드리는 것이어야 하지 않겠습니까? "평강의 하나님이 모든 선한 일에 너희를 온전하게 하사"(히 13:20-21)라는 것과 "모든 은혜의 하나님이… 친히 온전하게 하시며 굳건하게 하시며 강하게 하시며 터를 견고하게 하시리라"는 것과 같은 약속의 말씀에 말입니다.

우리가 매일 아침 하나님을 만나 그분 자신을 계시하실 시간을 내드려서 하루 동안 우리의 삶을 완전히 책임지도록 하는 일이 얼마나 절대적으로 필요한 일인지 모릅니다. 이처럼 베드로의 놀라운 권면에 따라 우리는 마땅히 그와 같은 일을 실행해야 하지 않겠습니까? 하나님과 우리 사이에서 우리의 마음이 그분께 있으며 우리의 소망이 그분의 말씀 안에 있다는 사실을 충분히 이해하고 있어야 합니다. "평강의 하나님이 모든 선한 일에 너희를 온전하게 하사"(히 13:20-21). "모든 은혜의 하나님이… 친히 온전하게 하시며 굳건하게 하시며 강하게 하시며 터를 견고하게 하시리라.”

그러므로 이제부터 하나님의 은혜로 말미암아 우리는 매일 아침 잠자리에서 깨어날 때마다 하나님이 우리를 온전하게 하시겠다는 약속을 겸허히 신뢰하면서 일터로 나가는 습관이 우리 마음에 굳건히 자리 잡을 수 있게 해야 합니다. “주께서 나를 온전한 중에 붙드시고 영원히 주 앞에 세우시나이다”(시 41:12). “그러므로 하늘에 계신 너희 아버지의 온전하심과 같이 너희도 온전하라”(마 5:48). “그가 거룩하게 된 자들을 한 번의 제사로 영원히 온전하게 하셨느니라”(히 10:14). “누구든지 그의 말씀을 지키는 자는 하나님의 사랑이 참으로 그 속에서 온전하게 되었나니 이로써 우리가 그의 안에 있는 줄을 아노라”(요일 2:5).

영원토록 복되신 하나님 아버지여, 하나님의 자녀가 눈을 뜨게 하사 이와 같은 비전을 보게 하소서. 하나님의 아들을 영원히 온전하게 하셨던 것처럼 하나님은 하나님의 영광이 나타나도록 하나님의 성도들을 온전하게 하시는 일을 우리 안에서 행하시기 위하여 기다리고 계신다는 비전 말입니다.

거룩한 어린 양을 따라서

"이 사람들은 여자와 더불어 더럽히지 아니하고 순결한 자라. 어린 양이 어디로 인도하든지 따라가는 자며"(계 14:4). 이처럼 거룩한 환상에서 어린 양을 따라가는 것의 정확한 의미가 무엇인지 거론하기란 쉬운 일이 아닙니다. 하지만 여기 지상에서 어린 양의 발자취를 따르는 게 영광스러운 모습일 것이라는 데는 의문의 여지가 없을 듯합니다. 지상에서 어린 양이 하늘나라의 어린 양의 모습을 보여주듯이 지상에서 따르는 이들은 하늘에서 그분을 따르는 것의 영광을 미리 보여줄 수 있습니다.

그러면 어린 양의 발자취를 어떻게 알 수 있을까요? "마치 도수장으로 끌려가는 어린 양과 털 깎는 자 앞에서 잠잠한 양 같이 그의 입을 열지 아니하였도다"(사 53:7). 발자취를 따르는 이들에게는 어린 양의 특징인 온유와 자비와 겸손이 필요합니다. 우리 주님이 직접 말씀하셨습니다. "나는 마음이 온유하고 겸손하니 나의 멍에를 메고 내게 배우라. 그리하면 너희 마음이 쉼을 얻으리니"(마 11:29).

이와 관련해서 바울은 이렇게 기록합니다. "너희 안에 이 마음을 품으라. 곧 그리스도 예수의 마음이니"(빌 2:5). 계속해서 바울은 염두에 두어야 할 일을 교훈합니다. "그는 근본 하나님의 본체시나 하나님과 동등됨을 취할 것으로 여기지 아니하시고 오히려 자기를 비워 종의 형체를 가지사 사람들과 같이 되셨고 사람의 모양으로 나타나사 자기를 낮추시고 죽기까지 복종하셨으니 곧 십자가에 죽으심이라"(빌 2:6-8).

어린 양은 우리의 주님이며 율법을 주신 분입니다. 하나님의 보좌로 나아가는 유일한 길을 열어주셨습니다. 겸손하고 낮아지는 것이 무엇인지, 우리 자신을 비우는 것, 종의 자리를 선택하는 것, 겸손하게 복종하는 것, 죽음, 곧 십자가의 죽음에 이르는 것이 무엇을 의미하는지 어린 양에게서 배운다면 우리는 찢어진 휘장을 지나서 지성소로 이어지는 새롭고 생명 넘치는 길을 발견하게 될 것입니다.

"사람의 모양으로 나타나사 자기를 낮추시고 죽기까지 복종하셨으니 곧 십자가에 죽으심이라"(빌 2:8). 세상이 그리스도로 충만한 삶을 믿으려 들지 않는 것은 그리스도인들이 이렇게 자기를 비우고 죽기까지 낮아지는 모습을 제대로 보여주지 않기 때문입니다.

하나님의 자녀는 모범과 구세주가 되시는 어린 양께 나와서 배워야 합니다. 바울의 말을 인생의 지침으로 삼아야 합니다. "내가 그리스도와 함께 십자가에 못 박혔나니 그런즉 이제는 내가 사는 것이 아니요 오직 내 안에 그리스도께서 사시는 것이라"(갈 2:20). 바로 여기에 어린 양을 따라서 하늘에 있는 영광스러운 하나님의 보좌에까지 이르는 길이 있습니다.

십자가에 못 박힌 육체

"그리스도 예수의 사람들은 육체와 함께 그 정욕과 탐심을 십자가에 못 박았느니라"(갈 5:24). 사도 바울은 육체에 대해서 이렇게 교훈합니다. "내 속 곧 내 육신에 선한 것이 거하지 아니하는 줄을 아노니"(롬 7:18). 그리고 로마서 8장 7절에서 거듭 말합니다. "육신의 생각은 하나님과 원수가 되나니 이는 하나님의 법에 굴복하지 아니할 뿐 아니라 할 수도 없음이라."

아담이 하나님의 영을 잃어버렸을 때 육체가 되었습니다. 육체는 아담에게서 전해진 악하고 타락한 본성을 가리키는 표현입니다. 육체에 대해서는 이렇게 기록되어 있습니다. "우리가 알거니와 우리의 옛 사람이 예수와 함께 십자가에 못 박힌 것은 죄의 몸이 죽어 다시는 우리가 죄에게 종노릇하지 아니하려 함이니"(롬 6:6). 그리고 바울은 앞에서 소개한 갈라디아서의 본문에서 한층 더 강력하게 설명합니다. "그리스도 예수의 사람들은 육체와 함께 그 정욕과 탐심을 십자가에 못 박았느니라"(갈 5:24).

제자들이 "나를 따르라"는 예수님의 부르심을 듣고 순종하였을 때 그것은 진심어린 행동이었지만 나중에 주님이 거기에 담긴 의미를 가르치실 때는 곧장 순종할 준비가 되어 있지 않았습니다. 그리고 그리스도께 속해 있고 그분을 십자가에 달리신 분으로 받아들이는 이들 조차도 그 의미를 제대로 이해하지 못했습니다. 그러나 성령께서 임재하신 후 제자들은 순종의 행위를 통해서 육체를 십자가에 못 박았습니다.

하지만 안타깝게도 잠시라도 그런 일을 생각하지 않은 그리스도인이 얼마나 많은지 모릅니다! 목회자들이 십자가에 달리신 그리스도를 제대로 설교하지 않았기 때문일지 모릅니다. 사역자들이 그리스도와 십자가에 못 박혔다는 진리를 가르치지 않았기 때문일 수도 있습니다. 만약 우리가 그것이 의미하는 자기부정을 멀리하고, 그 때문에 육체가 조금이라도 영향력을 발휘하게 된다면 그리스도의 영은 우리 안에서 능력을 행사하시지 못할 것입니다.

사도 바울은 갈라디아 교인들에게 교훈했습니다. "너희는 성령을 따라 행하라. 그리하면 육체의 욕심을 이루지 아니하리라"(갈 5:16). "무릇 하나님의 영으로 인도함을 받는 사람은 곧 하나님의 아들이라"(롬 8:14). 그리고 오직 성령만이 육체의 모습을 지닌 우리가 예수 그스도에 대한 믿음과 교제를 통해서 우리를 십자가에 못 박힐 자리로 인도하고 머물게 하실 수 있습니다.

복되신 주님, 믿음으로 주님을 영접할 때 모든 육체를 정욕과 탐욕과 함께 단번에 십자가에 못 박은 것이라는 사실을 얼마나 제대로 이해하지 못했는지 모릅니다! 주님께 겸손히 간구하오니 주님을 믿고 십자가에 달리신 주님 안에서 살아갈 수 있도록 가르쳐 주소서. 그래서 세상과 육체가 못 박힌 십자가에서 주님과 더불어 영광을 누리게 하소서.

네가 나를 사랑하느냐

"주께서 세 번째 네가 나를 사랑하느냐 하시므로 베드로가 근심하여 이르되 주님 모든 것을 아시오매 내가 주님을 사랑하는 줄을 주님께서 아시나이다. 예수께서 이르시되 내 양을 먹이라"(요 21:17). 예수 그리스도는 장사한 지 사흘 만에 죽은 자 가운데서 살아나사 제일 먼저 자신을 몹시 사랑한 막달라 마리아에게 나타나셨습니다. 계속해서 베드로에게도 모습을 보여주셨고 엠마오로 가는 두 제자에게도 자신을 알리셨습니다. 그리고 열 제자에게 나타나셨고 계속해서 도마에게 모습을 드러내셨습니다. 그리스도께서는 준비된 마음으로 간절히 기대하는 이들에게 모습을 드러내셨습니다. 그리고 이제는 베드로를 찾아오셔서 사랑이 으뜸이라고 다시 한번 말씀하십니다.

우리는 그리스도께서 무엇 때문에 세 번이나 "나를 사랑하느냐"라고 물으셨는지 너무나 잘 알고 있습니다. 베드로가 입 밖에 냈던 터무니없는 자기 확신을 상기시키기 위함이었습니다. "내가 주와 함께 죽을지언정 주를 부인하지 않겠나이다"(마 26:35). 사도 베드로는 자신의 사랑이 진실하고 참되다는 것을 확신하기에 앞서, 자신을 얼마나 신뢰할 수 없는지 자각하고 깊이 회개해야 했습니다. 그리고 나서 자신의 위치를 완벽하게 회복한 후에 주님의 양을 먹이고 어린 양을 보살피는 데 주님의 사랑이 최고의 조건이라는 사실을 깨달아야 했습니다.

하나님은 사랑이십니다. 그리스도께서는 그분의 사랑으로 소유하신 아들이십니다. 그분은 하나님의 사랑을 사랑하셨기에 제자들을 끝까지 사랑하실 수 있었습니다. "아버지께서 나를 사랑하신 것같이 나도 너희를 사랑하였으니"(요 15:9). 그리스도께서는 자신이 계명을 지키고 제자들에게 사랑을 베푸셨듯이 그들도 서로 사랑함으로써 자신에 대한 사랑을 증명하라고 요구하셨습니다. 하늘과 땅, 아버지와 아들과 우리, 그리고 그리스도를 위한 우리의 사역과 영혼에 대한 관심 가운데 가장 위대한 것이 바로 이 사랑입니다.

우리 주 예수님이 "볼지어다. 내가 세상 끝날까지 너희와 항상 함께 있으리라"(마 28:20)는 말씀을 실천하기를 소원하는 모든 사람에게 더할 수 없이 필요한 것은 바로 사랑입니다. 베드로는 그런 사랑이 인간의 능력에서 나올 수 없다고 교훈합니다. 그런 사랑은 죄에 대해서 죽은 그리스도의 능력과 베드로가 참여하게 된 부활의 생명 능력을 통해서 주어졌습니다.

그러므로 자신을 확신하던 베드로가 변화될 수 있었다면, 우리 안에서 역사하시는 그리스도께서 놀라운 변화를 일으키셔서 말씀으로 사랑하는 마음에 직접 모습을 보여주실 것을 믿을 수 있게 되었으니 우리는 하나님께 감사하지 않을 수 없습니다.

나의 모든 시간을 맡김

"나의 앞날이 주의 손에 있사오니 내 원수들과 나를 핍박하는 자들의 손에서 나를 건져주소서"(시 31:15). 시편 기자의 고백은 복잡하지만 그 의미는 아주 단순합니다. "내 시간은 주님의 손에 달려 있습니다. 시간은 주님의 몫입니다. 주님에게만 그것을 명령할 수 있는 권리가 있습니다. 나는 온전히 기쁘게 나의 시간을 주님의 처분에 맡깁니다." 시간을 온전히 하나님께 드리기만 하면 얼마나 놀라운 능력이 발휘되는지 알 수 없습니다!

만물은 시간의 지시를 따릅니다. 세상의 역사에 모두 해당하지만 인간이 오늘날의 모습을 갖추도록 서서히, 그러면서도 확실하게 시간이 작용한 과정을 보여주는 증거는 무엇일까요? 우리는 사방에서 그 증거를 확인할 수 있습니다. 어린아이가 신체적으로나 정신적으로 성숙해지고, 성인이 되어서 하는 일마다 열매를 거두는 것은 우리가 삶

속에서 활용하는 눈에 보이지 않는 시간과 그것이 발휘하는 능력의 법칙을 따르는 것입니다.

이것은 신앙생활이나 하나님과의 관계를 유지하는 데 있어서 특히 그렇습니다. 여기서도 시간의 지시를 따르게 됩니다. 하나님과의 교제는 대단한 일입니다. 거룩함과 축복 역시 그렇습니다. 그러므로 사람들을 축복하시는 하나님의 능력은 정말 대단한 것입니다.

하지만 이 모든 것은 다음과 같은 한 가지 조건을 따르고 있습니다. 우리는 하나님이 거룩함으로 우리를 비추시고, 우리를 영과 생명에 참여하게 하실 수 있도록 충분히 우리의 시간을 드려야 한다는 것입니다. 그러므로 신앙생활의 핵심은 하나님과 함께 시간을 보내는 것입니다.

그러나 하나님의 종들 가운데는 여가를 제대로 누리지 못하고 하나님과 날마다 교제하는 데 시간을 올바르게 활용하지 못하는 사람들이 적지 않습니다. 그러다 보니 하나님께 봉사하는 일에 삶을 바치거나 선교사로서의 영적인 삶을 제대로 살지 못하며 신앙생활에서 전체적으로 기대한 열매를 거두지 못하는 경우가 많습니다.

그렇다면 이런 사실 이면에는 어떤 원인이 자리 잡고 있을까요? 그것은 다름 아닌 하나님이 주신 확신에 관한 믿음의 결여 때문입니다. 종들은 오직 하나님과 더불어서 시간을 보낼 때만 진정으로 온종일 하나님과 교제하는 데 모든 시간을 활용할 수 있는 능력 있는 삶을 살 수 있게 됩니다.

우리 그리스도인 가운데 지나치게 업무에 시달리거나, 사역에 대한 열정이 식었다고 푸념하거나, 그 때문에 영적인 능력을 발휘하지 못하는 이들이 있다면 그리스도와 성령께 일정표를 내보이고 점검받아야 합니다. 그럴 때 비로소 "나의 앞날이 주의 손에 있사오니"라는 말씀을 제대로 믿고 매일 실천하면서 새로운 삶을 누리게 될 것입니다.

믿음은 사랑과 순종의 기쁨으로

"이 언약은 내가 너희 조상들을 쇠풀무 애굽 땅에서 이끌어 내던 날에 그들에게 명령한 것이라. 곧 내가 이르기를 너희는 내 목소리를 순종하고 나의 모든 명령을 따라 행하라. 그리하면 너희는 내 백성이 되겠고 나는 너희의 하나님이 되리라"(렘 11:4). 하나님은 율법을 허락하시면서 위의 말씀처럼 명령하셨습니다. 하지만 이스라엘 백성들은 그 율법을 지킬 수 있는 능력이 없었습니다. 그래서 하나님은 그들에게 '새 언약'을 주시고 백성들이 순종하며 살 수 있게 하셨습니다.

다음 말씀을 묵상해 보십시오. "그러나 그날 후에 내가 이스라엘 집과 맺을 언약은 이러하니 곧 내가 나의 법을 그들의 속에 두며 그들의 마음에 기록하여 나는 그들의 하나님이 되고 그들은 내 백성이 될 것이라. 여호와의 말씀이니라"(렘 31:33).

계속해서 새 언약과 관련된 성경 구절을 살펴보면 이렇습니다. "내가 그들에게 복을 주기 위하여 그들을 떠나지 아니하리라 하는 영원한 언약을 그들에게 세우고 나를 경외함을 그들의 마음에 두어 나를 떠나지 않게 하고"(렘 32:40). "또 내 영을 너희 속에 두어 너희로 내 율례를 행하게 하리니 너희가 내 규례를 지켜 행할지라"(겔 36:27). 이런 놀라운 언약들은 순종이 기쁨이 될 것이라는 확신을 안겨주었습니다.

우리 주님이 순종에 관해서 말씀하시는 내용에 귀 기울여보면 이렇습니다. "나의 계명을 지키는 자라야 나를 사랑하는 자니 나를 사랑하는 자는 내 아버지께 사랑을 받을 것이요 나도 그를 사랑하여 그에게 나를 나타내리라. 가룟인 아닌 유다가 이르되 주여 어찌하여 자기를 우리에게는 나타내시고 세상에는 아니하려 하시나이까. 예수께서 대답하여 이르시되 사람이 나를 사랑하면 내 말을 지키리니 내 아버지께서 그를 사랑하실 것이요 우리가 그에게 가서 거처를 그와 함께하리라"(요 14:21-23).

그리고 요한복음 15장 10절에서는 이렇게 덧붙이셨습니다. "내가 아버지의 계명을 지켜 그의 사랑 안에 거하는 것같이 너희도 내 계명을 지키면 내 사랑 안에 거하리라." 이 구절들은 줄어드는 법이 없는 보물입니다. 믿음은 사랑과 순종의 삶을 살도록 그리스도를 흔들림 없이 신뢰하게 할 수 있습니다.

자녀들이 순종하지 않으면 아버지는 훈육할 수 없습니다. 계속해서 순종하지 않는 학생을 교사는 결코 가르칠 수 없습니다. 병사들이 즉각적으로 순종하지 않으면 장군은 전투를 승리로 이끌 수 없습니다. 하나님께 이 교훈을 마음에 새겨주시라고 기도하십시오. 즉 믿음생활은 순종하는 생활입니다. 그리스도께서 아버지께 순종하는 삶을 사셨던 것처럼 우리 역시 하나님의 사랑 안에서 살아갈 수 있도록 순종이 요구됩니다.

하지만 '순종은 전혀 불가능하므로 순종할 수 없다'라는 생각이 만연하고 있습니다. 아닙니다! 당신에게는 불가능하겠지만 하나님께는 그렇지 않습니다. 하나님은 "너희로 내 율례를 행하게 하리니"라고 약속하셨습니다. 이 말씀을 놓고서 기도하고 묵상하면 성령께서 눈을 밝게 하셔서 하나님의 뜻을 행할 수 있는 능력을 주실 것입니다. 조용히 확신하며 조건을 달지 않는 순종을 목적으로 삼고 아버지 하나님과 주예수 그리스도와 더불어서 교제하십시오. 그러면 당신의 삶에 한없는 축복이 임할 것입니다.

흠 없이 보전된 거룩함의 영광

"평강의 하나님이 친히 너희를 온전히 거룩하게 하시고 또 너희의 온 영과 혼과 몸이 우리 주 예수 그리스도께서 강림하실 때에 흠 없게 보전되기를 원하노라. 너희를 부르시는 이는 미쁘시니 그가 또한 이루시리라"(살전 5:23-24). 이 얼마나 놀라운 약속입니까! 하나님은 누가 되었든지 하나님의 모든 자녀가 그것에 매달려서 성취되는 것을 두 눈으로 확인하고 싶어 하실 것입니다. 하지만 안타깝게도 불신 때문에 그런 생각을 하지 못하고 그것을 보화와 기쁨으로 간주하는 이는 매우 드뭅니다.

들어보십시오. 하나님, 곧 평강의 하나님이 직접 그것을 하실 수 있고 그렇게 행하실 것입니다. 평강은 십자가의 피로 얻은 평강이고 모든 이해를 넘어서는 평강이며 예수 그리스도 안에서 마음과 생각을 지키는 평강입니다. 이 평강의 하나님이 우리를 그리스도 안에서, 거룩하게 하시는 성령을 통해서 거룩하게 하겠다고 약속하십니다. 그 일을 이루시는 분은 하나님이십니다. 하나님과 직접 긴밀하고 개인적인 사귐을 가질 때 비로소 우리는 거룩해집니다.

그것을 기대한다면 우리 모두 더할 수 없이 기뻐해야 마땅하지 않을까요? 하지만 그 약속이 아주 대단하기에 반복하고 덧붙여야 합니다. "너희의 온 영"은 하나님과 교제하기 위해 창조된 우리 존재의 가장 깊은 곳에 자리 잡은 부분입니다. '혼'은 생명과 모든 능력의 자리입니다. '몸'은 죄가 들어오는 입구입니다. 하지만 죄악이 사망으로 그 능력을 입증했지만 우리는 그리스도 안에서 구속받았습니다. 이 모두가 "우리 주 예수 그리스도께서 강림하실 때 흠 없게" 보전되어야 합니다.

그 약속이 너무 거창해서 문자적으로 사실일 수 없다는 오해를 방지하기 위해 이런 내용이 추가되었습니다. "너희를 부르시는 이는 미쁘시니 그가 또한 이루시리라." 그렇습니다. 하나님은 직접 약속하신 내용을 그리스도와 성령을 통해 성취하시겠다고 말씀하셨습니다. 하나님이 우리에게 요구하시는 것은 매일 자신 앞으로 나와서 막역한 교제를 나누자는 것이 전부입니다.

햇볕이 몸에 닿을 때 따뜻해지듯 하나님의 거룩한 불이 우리를 불태워서 거룩하게 만들 것입니다. 하나님의 자녀는 불신을 조심해야 합니다. 왜냐하면 하나님께 영광을 돌리지 않고 유산을 우리에게서 빼앗아가기 때문입니다. 그러므로 우리는 다음과 같은 말씀으로 피해야 합니다. "너희를 부르시는 이는 미쁘시니 그가 또한 이루시리라." 당신이 고귀하고 거룩한 부르심을 생각할 때마다 놀라운 응답을 받게 됩니다. "너희를 부르시는 이는 미쁘시니 그가 또한 이루시리라."

오롯이 자기를 부인하고

"이에 예수께서 제자들에게 이르시되 누구든지 나를 따라오려거든 자기를 부인하고 자기 십자가를 지고 나를 따를 것이니라"(마 16:24). 그리스도께서는 처음으로 자신이 많은 고통을 겪고 나서 죽임을 당했다가 되살아날 것이라고 분명히 말씀하셨습니다. 그러자 "베드로가 예수를 붙들고 항변하여 이르되 주여 그리 마옵소서"(마 16:22)라고 부르짖었습니다. 그 순간 예수님은 이렇게 대답하셨습니다. "사탄아 내 뒤로 물러 가라"(마 16:23). 십자가의 고통을 멀리하게 하려는 베드로의 영은 하나님께서 우리 구원의 길로 정해놓은 길에서 그리스도를 벗어나게 하려고 시험하는 것과 다르지 않았습니다.

그러자 우리 주님은 본문에서 "십자가를 지고"라는 표현을 두 번째로 사용하십니다. 그렇지만 그것과 함께 우리 주 예수님은 십자가에 함축된 내용을 계시하는 아주 중요한 표현을 구사하십니다. "누구든지 나를 따라오려거든 자기를 부인하고 자기 십자가를 지고 나를 따를 것이니라"(마 16:24).

아담이 죄를 지었을 때 하늘나라와 하나님께 속한 삶으로부터 세상과 자아에 속한 삶으로 추락했습니다. 자신의 기쁨, 자신의 만족, 자신을 높이는 것이 삶의 원리가 되었습니다. 인간이 제자리로 돌아가도록 예수 그리스도께서 찾아오셨을 때 "근본 하나님의 본체시나 하나님과 동등됨을 취할 것으로 여기지 아니하시고 오히려 자기를 비워 종의 형체를 가지사 사람들과 같이 되셨고 사람의 모양으로 나타나사 자기를 낮추시고 죽기까지 복종하셨으니 곧 십자가에"(빌 2:6-8) 죽으셨습니다. 주님은 자신을 따르고 싶어 하는 모든 이에게 자신이 직접 행하신 일을 요구하십니다. "누구든지 나를 따라오려거든 자기를 부인하고."

사도 베드로는 자신을 부정하지 않고 주님을 부인했습니다. "나는 그 사람을 알지 못하노라"(마 26:72). 그러나 사람이 그리스도의 명령에 순종하는 법을 익히게 되면 자신에 대해서 "나는 그 사람을 알지 못하노라"고 말하게 됩니다. 진정한 제자의 길을 따르는 비밀은 십자가를 지고 자신에게 사형 판결이 내려진 것을 인정하며 자아가 우리를 다스리는 어떤 권리도 부정하는 것입니다.

자아를 죽이는 것이 그리스도인의 좌우명이 되어야 합니다. 그리스도께 무릎 꿇은 사람은 그리스도 때문에 주변 사람들을 위해서 온전히 자신을 내려놓았기에 십자가에 못 박힌 자아가 절대로 내려올 수 없으며 영원히 죽음의 장소에 머무르게 됩니다.

자기를 부인하라는 예수님의 음성에 귀 기울여야 합니다. 그러고는 우리를 위하여 자기를 부정하신 그리스도의 제자답게, 성령님의 은총에 의지해서 자아를 그리스도와 함께 십자가에 못 박아야 합니다. 그래야 우리는 십자가에 달리신 그리스도를 주인으로, 선생님으로 모시면서 영원히 살아갈 수 있습니다.

모든 걸 그리스도께 내려놓음

"또한 모든 것을 해로 여김은 내 주 그리스도 예수를 아는 지식이 가장 고상하기 때문이라"(빌 3:8). 마지막 날 밤에 예수님이 제자들에게 주신 약속을 묵상하다 보면 이런 질문이 떠오릅니다. '이 사람들이 하늘로부터 임한 성령의 세례라는 고귀한 일을 경험할 정도의 자격이 있는 것일까?' 대답은 간단합니다. 그리스도께서 부르셨을 때 그들은 모든 것을 내려놓고 그분을 뒤따랐습니다. 그들은 자신을 부인했습니다. 자신의 삶을 미워하고 그리스도의 지시에 순종하는 일에 헌신했습니다. 그들은 그분을 따라서 갈보리까지 갔었고 그곳의 고난과 죽음 가운데서도 오직 그분만을 생각했습니다. 덕분에 그리스도께서 영광 가운데 아버지로부터 성령 충만을 받으셨던 것처럼 부활의 생명을 함께 나누고 지상에서 성령으로 충만해질 수 있게 되었습니다.

예수 그리스도께서 모든 것을 제물로 하나님께 온전히 희생해야 했던 것처럼, 아브라함과 야곱과 요셉으로부터 그리스도의 열두 제자에게 이르기까지 모든 사람은 하나님의 인도하심을 따르기 위해서 모든 것을 포기해야 했습니다. 그리고 하나님의 뜻이 성취될 수 있도록 거룩한 능력이 그들을 통해서 행사되기 전에 하나님을 위해 구별된 삶을 살아야 했습니다.

이것은 바울도 마찬가지였습니다. 그리스도를 위해서 모든 것을 해로 여기는 것이 바울의 인생철학이었습니다. 우리가 그리스도의 부활 능력을 완벽하게 공유하기 위해서는 우리 역시 그렇게 살아야 합니다. 하지만 우리가 세상으로부터 완전히 구속받았고 전적으로 하나님과 그분의 사랑을 위해서만 살아가야 한다는 사실을 우리가 얼마나 가볍게 여기는지 모릅니다.

밭에서 보화를 발견한 사람이 자신의 모든 소유물을 팔아야 했던 것처럼 우리가 진정으로 성령님의 능력을 통해서 거둔 승리를 나누고 싶다면 마음과 능력과 삶을 전부 바쳐야 합니다. 하나님 나라의 법은 변함없습니다. "모든 것을 해로 여김은 내 주 그리스도 예수를 아는 지식이 가장 고상하기 때문이라."

제자들은 유월절을 준비하려고 그리스도와 함께 여러 해를 보냈습니다. 그리스도께서는 하루도 거르지 않고 제자들과 더할 수 없이 가깝게 지내시면서 쉬지 않고 자신 안에 거하며 전적으로 자신에게 속한 이들처럼 생활하도록 요구하셨습니다. 우리는 여기서 성령 충만함에 이르는 길을 발견할 수 있습니다.

이와 같은 삶이 우리를 위해서 마련되었다는 것을 과감하게 믿어야 합니다. 뜨거운 마음으로 바로 이것을 갈망해야 합니다. 전심으로 우리 주 하나님과 구원자 예수 그리스도를 사랑해야 합니다. 우리를 사랑하시는 하나님 덕분에 우리는 정복자 이상의 존재가 될 수 있습니다.

주님의 뜻대로 날마다 내려놓음

"내 아버지여 만일 할 만하시거든 이 잔을 내게서 지나가게 하옵소서. 그러나 나의 원대로 마시옵고 아버지의 원대로 하옵소서"(마 26:39). 그리스도께서 십자가에 달리신 것은 하늘나라의 영광 속에서 우리에게 알려진 것 가운데 더할 수 없이 소중하고 거룩한 모습입니다. 그리고 성령님이 우리 안에서 하실 수 있는 무엇보다 귀하고 거룩한 일은 우리를 그리스도의 십자가로 데려가서 교제하게 하는 일입니다.

우리는 아버지 하나님의 사랑하는 아들인 그리스도께서 자신을 먼저 죽음에 넘겨주기 전까지는 영광스러운 하늘나라로 돌아올 수 없었다는 진리를 철저히 묵상해야 합니다. 이 위대한 진리를 깨닫게 되면 우리는 매일 죄와 세상에 대해서 죽고 그 덕분에 십자가에 달리신 주님과 계속해서 교제할 수 있게 된다는 사실을 이해하게 됩니다. 하지만 실제로 우리 자신을 먼저 내려놓기 전까지는 그분의 생명을 함께 나누는 것이 우리의 삶과 그리스도와의 교제에서 얼마나 불가능한 일인지 알게 될 것입니다.

우리가 주님의 고난 덕분에 교제를 나누는 일이 무엇을 의미하는지 깨닫게 되고, 그렇게 해서 그분의 죽음을 불편하게 여기지 않게 되는 것은 오직 그리스도만이 가능하게 하시는 일입니다. 겟세마네에서 고뇌하시던 주님은 십자가의 죽음을 바라보시면서 죄의 권세에 눌리고, 단 한 줄기 빛도 어둠을 비추지 않을 정도로 하나님이 외면하실 저주받은 죽음이 무엇을 의미하는지 분명하게 깨닫게 되자 잔이 지나가도록 기도하셨습니다.

그렇지만 응답이 주어지지 않자 아버지께서 그 잔이 지나가는 것을 허락하시지 않는다는 사실을 깨닫고서 자기 생각과 세상에서의 삶을 모두 포기하셨습니다. "아버지의 원대로 하옵소서."

그리스도인이라면 고통 속에서 이렇게 말씀하신 주님과 교제를 나눌 수 있어야 합니다. 그러면 하나님은 전능하신 능력을 발휘해서 당신이 그리스도처럼 모든 것을 진정으로 내려놓게 하실 수 있다고 아주 강력히 확신하게 될 것입니다. 당신이 진정으로 그리스도와 함께 십자가에 못 박혔기 때문입니다.

"아버지의 원대로 하옵소서." 당신은 이 말씀을 삶 속에서 무엇보다 중요하고 소중하게 여겨야 합니다. 그리고 당신과 더불어 십자가에

서 돌아가신 그리스도의 능력과 성령님의 능력에 의지해서 영원히 복
되신 하나님의 뜻에 날마다 분명하게 내려놓아야 합니다. 그럴 때 비로
소 당신은 지금까지 경험해보지 못한 놀랍고 능력 있는 삶을 살 수 있
을 것입니다.

P·A·R·T·2

:
:
:

영적 능력은
성령님으로부터 비롯된다

지금은 성령님의 시대

　　"너희가 악할지라도 좋은 것을 자식에게 줄 줄 알거든 하물며 너희 하늘 아버지께서 구하는 자에게 성령을 주시지 않겠느냐"(눅 11:13). 이발사이자 오랜 친구로부터 제대로 기도할 수 있는 방법을 가르쳐 달라고 부탁받은 마틴 루터는 그 친구에게 〈단순한 기도의 방법〉이란 글을 편지로 보내면서 "신발을 만드는 사람이 신발을 만들고, 제단사가 외투를 만드는 것처럼 그리스도인은 당연히 기도해야 한다. 기도는 그리스도인이 하루도 거르지 않고 해야 하는 당연한 업무이다"라고 말합니다.

마틴 루터는 친구에게 보낼 글을 쓰기 위해 기도를 주제로 묵상하다가, 우리는 지금 성령의 시대를 살고 있다는 간단하지 않은 생각에 사로잡히는 바람에 가슴이 뭉클했다고 합니다. 루터는 이렇게 말합니다. "지금처럼 성령님이 역사하실 때는 우리가 어떤 식으로 하나님을 섬기더라도 그분의 능력을 힘입지 않으면 그다지 의미가 없다. 이런 생각을 하다가 '하물며 너희 하늘 아버지께서 구하는 자에게 성령을 주시지 않겠느냐'라는 소중하고 무궁무진한 말씀을 제대로 깨닫게 되었다."

우리는 루터의 말에서 이런 교훈을 확인할 수 있습니다. 우리는 누구든지 하루하루의 필요를 채우고 삶을 꾸려나가려면 아버지에게서 성령을 늘 새롭게 전달받아야 합니다. 성령이 함께하시지 않으면 하나님을 기쁘시게 하거나 이웃에게 진정한 도움을 베풀 수 없습니다. 그리고 이 교훈 덕분에 기도에 의지해서 하나님의 뜻을 성취하려면 무엇보다 고귀한 능력의 원천인 성령을 기도의 근원으로 삼는 게 중요하다고 여기게 됩니다.

물은 근원보다 더 높게 흐를 수 없습니다. 그래서 성령님이 우리 인간을 통로로 삼아 기도하시게 되면 우리의 기도는 그것의 근원이 되시는 하나님께로 올라가서, 우리와 다른 이들의 내부에서 역사하시는 하나님의 응답을 받게 됩니다.

친구에게 〈단순한 기도의 방법〉을 소개한 마틴 루터는 덧붙여서 이렇게 말합니다. "우리 한 사람 한 사람이 그리스도인답게 사는 것은 기도의 양이 아니라 주로 질에 달려 있다는 것을 한층 더 신뢰하게 된다"

(독자들의 기도생활에 도움을 주고자 마틴 루터의 〈단순한 기도의 방법〉을 이 책 끝부분에 특별수록했습니다).

우리가 생각하고 깊이 묵상하며 간절히 기도할 때 이런 교훈이 얼마나 큰 도움이 되는지 알 수 없습니다. 기도시간을 가질 때는 하늘에 계신 아버지께 오늘을 살아가는 데 필요한 성령을 달라고 간구해야 합니다. 하나님 아버지 역시 그것을 갈망하십니다.

"은혜가 충만하신 하나님, 기도를 배울 수 있도록 하나님의 거룩한 영의 역사를 지금 허락해 주소서!"

날마다 새로운 성령의 열매들

"오직 성령의 열매는 사랑과 희락과 화평과 오래 참음과 자비와 양선과 충성과 온유와 절제니 이 같은 것을 금지할 법이 없느니라"(갈 5:22-23). 우리는 앞에서 기도에 관한 교훈 가운데 두 가지를 일차적으로 확인했습니다. 첫째, 우리는 매일 아침 아버지께 성령을 새롭게 허락해 달라고 기도해야 합니다. 둘째, 성령님께 우리를 가르치고 도와 달라고 기도해야 합니다. 이제 세 번째 교훈은 서두에서 인용한 성경 구절을 암송하는 것입니다.

그리스도인들은 그저 하나님께 기도를 가르쳐 달라 요구하고, 그러면 하나님께서 즉각적으로 응답하신다고 생각할 때가 많습니다. 언제나 그런 것은 아닙니다. 오히려 성령님이 우리의 영적생활에 힘을 북돋아서 제대로 기도할 수 있게 해주십니다.

성령님께 가르쳐 달라고 간구할 때마다 그분이 자비한 영향력을 발휘하도록 마음을 열게 되면 감동하고 성령께서 역사하시는 순간 제일 먼저 우리 자신을 내려놓게 됩니다. 이렇게 내려놓는 것은 그분 앞에서 성령의 열매들을 부르면서 그것들로 충만하게 해달라고 간절히 기도하는 것입니다. 그래서 성경 구절을 암송하면 성령님의 가르침을 구하는 기도처럼 이렇게 기도하는 법을 익힐 수 있습니다. "여기에 내 마음이 있습니다. 성령의 열매로 채워주소서."

처음 세 가지 성령의 열매는 사랑과 희락과 화평입니다. 이 세 가지 열매는 강력한 신앙생활을 가리키는 세 가지 특징입니다. 사랑의 대상은 하나님 아버지와 예수 그리스도, 함께 신앙생활을 하는 형제와 자매, 그리고 모든 사람입니다. 희락은 우리의 모든 필요가 완벽하게 성취되었고 우리가 반드시 해야 할 일을 모두 처리할 수 있는 용기와 신앙을 눈으로 확인할 수 있는 증거가 됩니다. 하나님이 주시는 화평은 우리의 생각과 마음이 헤아릴 수 없을 만큼 별다른 간섭 없이 안정되고 평안하게 복된 상태를 유지하는 것입니다.

예수님은 제자들에게 마지막으로 말씀하시면서 이 세 가지 문장 앞에 "나의"라는 표현을 덧붙이셨습니다.

"내 사랑 안에 거하라."

"내 기쁨이 너희 안에 있어."

"나의 평안을 너희에게 주노라."

성령님 덕분에 우리 안에 이 열매들이 완벽하게 열매 맺기를 갈망하게 되었으니 그분께 간구해야 하지 않겠습니까? 그러면 마침내 올바르게 기도하게 되고 하늘에 계신 아버지께 언제나 더 많이 간구하게 될 것입니다.

성령님의 온전한 인도하심

"무릇 하나님의 영으로 인도함을 받는 사람은 곧 하나님의 아들이라"(롬 8:14). 이제는 성령의 열매 가운데 다음 네 가지인 오래 참음과 자비와 양선과 온유를 살펴보겠습니다. 이 네 가지 단어는 하나님의 속성을 가리킵니다. 우리 안에 그것들이 열매를 맺기 위해서는 성령께서 우리 삶 속에서 역사하실 수 있도록 많은 기도가 필요합니다. 하나님께서 그것들을 사용하여 사람들을 인도하시는 방식을 살펴보면 다음과 같습니다.

오래 참음. 성경은 하나님이 죄인들을 놀라울 정도로 인내하신다고 증거합니다. 베드로후서 3장 9절에 기록된 하나님의 말씀을 보면 이렇습니다. "오직 주께서는 너희를 대하여 오래 참으사 아무도 멸망하지 아니하고 다 회개하기에 이르기를 원하시느니라." 성령님은 하나님의 이런 속성을 우리 삶의 복된 특성으로 삼게 하셔서 우리 역시 모든 죄인과 그릇된 행동을 하는 사람들이 구원받을 수 있도록 거룩한 인내를 실천하게 하십니다.

자비. 무궁하신 하나님의 선하심과 인자하심을 노래하는 시편을 읽어보면 얼마나 놀라운지 모릅니다. "이는 하늘이 땅에서 높음같이 그를 경외하는 자에게 그의 인자하심이 크심이로다"(시 103:11). 하나님은 모든 죄악과 우리를 둘러싼 비참함을 다룰 때도 이와 같은 선하심과 인자하심으로 우리 안에서 역사하십니다.

양선. 예수님은 이렇게 말씀하셨습니다. "하나님 한 분 외에는 선한 이가 없느니라"(막 10:18). 모든 선은 하나님에게서 오고 그분 자녀들이 간구하고 바라는 만큼 주십니다. 이 양선은 어려움을 겪고 있는 모든 사람을 동정하고 사랑하는 과정에서 드러나게 됩니다.

온유. 시편 18장 35절을 읽어보면 이렇습니다. "주의 온유함이 나를 크게 하셨나이다." 그런데 하나님의 온유함은 주로 하나님의 유일한 아들 안에서 드러납니다. 예수님은 "나는 마음이 온유하고 겸손하니 나의 멍에를 메고 내게 배우라"(마 11:29)고 가르치셨습니다. 사도 바울은 성도들에게 "그리스도의 온유와 관용으로" 간청했습니다. 성령님은 부드러운 비둘기처럼 예수님께 내려오셨습니다. 성령님은 온유의 무르익은 열매를 모든 사람에게 나눠주고 싶어 하십니다.

하나님의 이 네 가지 속성이 죄인들 사이에서 역사하시는 하나님의 특징이며 성령님 덕분에 우리의 말과 행동이 온유하고 겸손하신 예수님을 닮아갈 수 있다는 사실은 우리에게 큰 기쁨을 줍니다.

믿음은 성령의 또 다른 열매

"우리가 같은 믿음의 마음을 가졌으니"(고후 4:13). 갈라디아서 5장 22~23절("오직 성령의 열매는 사랑과 희락과 화평과 오래 참음과 자비와 양선과 충성과 온유와 절제니")을 암기하는 것이 어째서 그렇게 중요한지 아시는지요? 이 구절을 암기하고 성령의 능력에 힘입어서 이 열매를 맺으려고 노력하게 되면 우리 안에 성령의 열매를 맺고 간직하고 싶은 마음이 더욱 간절해집니다. 하나님께서 허락하시는 축복에 대한 기대가 커지게 됩니다.

성령님의 마지막 두 열매인 충성과 절제를 잠시 생각해 봅시다.

제자들이 예수님께 여쭈었습니다.

"우리는 어찌하여 (귀신을) 쫓아내지 못하였나이까"(마 17:19).

예수님이 대답하셨습니다.

"너희 믿음이 작은 까닭이니라. 진실로 너희에게 이르노니 만일 너희에게 믿음이 겨자씨 한 알 만큼만 있어도 이 산을 명하여 여기서 저기로 옮겨지라 하면 옮겨질 것이요. 또 너희가 못할 것이 없으리라"(마 17:20).

제자들의 믿음은 그리 강력하지 않았습니다. 기도를 했지만 능력 있는 기도에 필요한 열정과 자기희생이 없었습니다.

믿음은 성령의 열매입니다. 믿음을 갖고자 한다면 오직 하나님 한 분만 의지해야 합니다. 믿음이란 하나님의 말씀을 신뢰하고 매달리고 하나님께서 이미 약속하신 것을 남김없이 우리 안에서 능력 있게 행하신다고 완벽하게 신뢰하면서 기다리는 것입니다. 그러므로 그리스도인의 삶은 믿음으로 채워지는 삶입니다.

이제는 절제에 관해서 생각해 봅시다. 절제는 일차적으로 먹고 마시는 것과 관계가 있습니다. 절제는 대화나 욕구를 제한하고 조심하며 이기심을 버리도록 만듭니다. 다른 사람과의 교제도 예외는 아닙니다. 우리는 다음의 말을 좌우명으로 삼아야 합니다.

"세상의 모든 정욕을 내버리고 모든 면에서 의롭고 경건하고 절제하며 살아야 한다."

우리는 세상과 세상이 주는 유혹을 대할 때마다 절제를, 그리고 하나님의 뜻을 실천할 때는 의를 활용해야 합니다. 하나님과 친밀하게 교제하기 위해서 온 힘을 기울여야 합니다.

믿음과 절제는 모두 성령의 열매입니다. 성령님께 기도하는 법을 가르쳐 달라고 간구하면 마음이 열리면서 성령의 다른 열매들과 함께 이 두 가지 열매가 주어지고 하나님이나 다른 사람들과 하루하루 관계를 유지하며 살아가는 것에 영향을 끼치게 됩니다.

내가 소개한 구절을 암기하고 성령님이 매일 마음에 불어넣는 생각을 통해서 하나님 아버지께 나아가십시오. 그러면 그분은 내면의 삶에 성령의 열매를 허락하셔서 당신의 삶 속에서 드러나게 하실 것입니다.

그리스도를 영화롭게 하는 성령님

"그가 내 영광을 나타내리니 내 것을 가지고 너희에게 알리시겠음이라"(요 16:14). 우리가 성령의 활동을 이해하고 진정으로 경험하려면 성령님과 예수 그리스도의 관계를 알아야 합니다. 우리 주님은 떠나시기에 앞서 보혜사 성령께서 제자들을 찾아오실 것이라고 말씀하셨습니다. 성령님이 하늘나라의 영광을 모두 동원해서 제자들에게 예수 그리스도를 계시하신다는 것이었습니다. 주님과 제자들이 잠시 떨어져 있더라도 얼마 지나지 않아서 특별한 방법으로 만나게 될 것입니다. 이 때문에 제자들은 성령님을 위해서 간절히 기도했습니다. 그들은 예수님을 언제나 소유하고 싶었기 때문입니다. 우리 주님은 성령께서 그들에게 일러주실 것이라고 약속하셨습니다.

이것이 "그가 내 영광을 나타내리니"라는 구절에 담긴 의미입니다. 달리 말하자면 내가 영광스러운 하늘나라에 있다고 하더라도 성령께서 나를 소개하신다는 뜻입니다. "내 것", 즉 내 사랑, 내 기쁨, 내 평안, 그리고 내 모든 삶을 "가지고 너희에게" 알려주실 것이라고 주님이 말씀하셨습니다. 우리가 예수님의 영광을 위한 삶을 살고자 하는 간절한 바람을 갖고 있다면 성령께서 응답하셔서 온종일 예수님의 거룩하신 임재를 마음에 간직하게 하실 것입니다.

우리는 그리스도와 교제하고, 사랑하고, 명령을 지키며, 무엇이든지 그분의 이름으로 행하려고 날마다 조용히 힘써야 합니다. 그러면 우리는 은밀하고 강력하게 내부에서 역사하시는 성령님을 의지할 수 있습니다.

그러므로 우리는 "오직 성령의 열매는 사랑과 희락과 화평과 오래 참음과 자비와 양선과 충성과 온유와 절제니 이 같은 것을 금지할 법이 없느니라"(갈 5:22-23)는 말씀을 기억하고 깊이 묵상할 만한 가치가 있음을 또다시 확인하게 됩니다. 우리가 늘 예수님과 그분의 사랑, 즐거움, 평안을 생각하게 되면 성령님은 그 열매들이 우리 안에서 무르익을 수 있도록 은혜를 베푸실 것입니다.

예수 그리스도께서 우리 안에서, 그리고 우리를 통해서 영광을 얻으시는 것이 성령님과 하나님 아버지의 커다란 바람입니다. 우리 역시 그것을 간절한 바람과 기도의 내용으로 삼아야 합니다.

성령님의 거처인 우리 속사람

"너희는 너희가 하나님의 성전인 것과 하나님의 성령이 너희 안에 계시는 것을 알지 못하느냐. 누구든지 하나님의 성전을 더럽히면 하나님이 그 사람을 멸하시리라. 하나님의 성전은 거룩하니 너희도 그러하니라"(고전 3:16-17). 하나님은 인간을 영원 전부터 영광을 드러낼 수 있는 거처로 삼고 싶어 하셨습니다. 우리의 범죄 때문에 이 계획은 겉으로 보기에는 틀어진 것 같았습니다. 하지만 하나님은 이스라엘 백성들을 통해서 계획을 실행하실 방법을 모색하셨습니다. 사람들 사이에 거처를 마련하려고 하셨습니다. 처음에는 성막, 그다음에는 성전이었습니다. 이것은 인류를 구속하시는 하나님의 진정한 거처, 즉 영원히 성전이 되어야 할 것의 그림자와 형상에 불과했습니다. 우리는 "성령 안에서 하나님이 거하실 처소"(엡 2:22)로 만들어졌습니다.

성령님이 임재하신 이후로 하나님은 성령을 통해 거룩해지고 새로워진 각 사람의 마음에 거처를 마련하셨습니다. 아무리 연약한 성도라 하더라도 예외 없이 이런 음성을 듣게 됩니다. "아직도 너희가 하나님의 성전인 것을 알지 못하느냐?" 이 진리를 깨닫거나 경험하는 일이 얼마나 드문지 모릅니다. 그렇지만 이 말씀은 정말 사실입니다. "하나님의 성전은 거룩하니 너희도 그러하니라."

사도 바울은 자신을 증언하면서 "그리스도께서 내 안에 거하고 계신다"고 말했습니다. 이것은 그가 신비의 영광이 가득한 상태, 즉 그리스도께서 우리 안에 거하고 계신다고 증거하던 복음이 충만한 것입니다. 이것이 바로 하나님께서 속사람 안에 있는 성령으로 능력을 더하시고 믿음을 통해 그리스도께서 마음에 거할 수 있도록 바울이 아주 간절히 기도한 내용입니다.

그렇습니다. 이것이 바로 예수님이 직접 약속하신 말씀입니다. "사람이 나를 사랑하면 내 말을 지키리니 내 아버지께서 그를 사랑하실 것이요. 우리가 그에게 가서 거처를 그와 함께하리라"(요 14:23). 그러나 그리스도인들이 이 놀라운 은혜를 받아들이고 떠받드는 일에 별다른 관심을 보이지 않는다는 게 이상합니다.

우리는 성령님 덕분에 거룩해져서 하나님의 성전이 되고 아버지 하나님과 함께 그리스도께서 우리 마음에 거하시는 것을 경험할 수 있습니다. 성령님은 이 한 가지 조건, 즉 당신을 그분의 인도하심에 전적으로 맡기느냐에 따라서 그 일을 가능하게 하실 것입니다.

성령님의 온전한 교통하심

"주 예수 그리스도의 은혜와… 성령의 교통하심이 너희 무리와 함께 있을지어다"(고후 13:13). 우리는 고린도후서의 마지막 구절을 통해서 성령의 특징과 활동을 확인하게 됩니다. 성령님 덕분에 아버지와 아들이 하나가 되고 신격(godhead) 안에서 서로 교제할 수 있습니다. 성령님은 신격의 진정한 생명이기 때문입니다.

우리는 성령님 덕분에 하나님 아버지와 그의 아들과 교제할 수 있습니다. "우리의 사귐은 아버지와 그의 아들 예수 그리스도와 더불어 누림이라"(요일 1:3). "우리에게 주신 성령으로 말미암아 그가 우리 안에 거하시는 줄을 우리가 아느니라"(요일 3:24). 우리는 성령님을 통해서 아버지와 아들을 알게 되고 사랑의 교제를 경험하게 됩니다.

하나님 자녀인 우리는 성령님 덕분에 서로 교제할 수 있습니다. 하나님 자녀는 자신의 이익만 앞세우는 이기심이나 사욕과 무관해야 합니다. 우리는 하나의 지체를 생각합니다. "몸이 하나요, 성령도 한 분이시니"(엡 4:4). 계속해서 지체가 하나가 되는 것은 성령님 덕분입니다.

성령님이 교회 안에서 더 큰 능력을 발휘하시지 않는 까닭 가운데 하나는 성령을 통한 하나 됨을 제대로 추구하지 않기 때문입니다. 오순절에 열흘 동안 어울려 기도하자 120명이 함께 녹아서 하나가 된 것처럼 보였습니다. 그들은 서로 교제하는 영을 받았습니다.

우리는 성찬의 자리에서 빵과 포도주로 교제를 나눕니다. 우리는 다른 지체들이 겪는 어려움 때문에 서로 교제하기도 합니다. 그것은 언제나 이런 방식으로 우리에게 다가옵니다. "성령의 교통하심이 너희 무리와 함께 있을지어다." 그러므로 성령의 열매에 관한 갈라디아서의 말씀을 기억하고 기도로 다른 성도들의 사정을 성령께 알려서 하나님의 모든 자녀에 대한 우리의 사랑을 증명해야 합니다.

하늘나라에서는 성령님 덕분에 아버지와 아들이 영원히 사랑의 사귐을 갖습니다. 당신은 진정으로 성령의 충만함을 갈망하십니까? 그렇다면 먼저 하나님께 자신을 내려놓으십시오. 그리고 그리스도의 모든 지체와 하나가 되어 교제할 수 있도록 간구하십시오.

하나님의 사랑의 통로

"우리에게 주신 성령으로 말미암아 하나님의 사랑이 우리 마음에 부은 바 됨이니"(롬 5:5). 하나님 아버지 덕분에 우리 마음에 성령이 부어졌습니다. 성령님 덕분에 하나님의 사랑이 우리 마음에 부어졌습니다. 하나님께서 성령을 부어주신 게 사실인 것만큼이나 성령님을 통하여 하나님의 사랑이 우리에게 부어진 것 역시 사실입니다.

그렇다면 우리가 이것을 그렇게 자주 경험하지 못하는 것은 무엇때문일까요? 대답은 간단합니다. 불신 때문입니다. 우리의 마음을 하나님의 사랑으로 채우시는 성령님의 강력한 역사를 믿기까지는 시간이 걸립니다. 우리가 세상과 그것에 관한 관심을 멀리하기 위해서는 시간이 필요합니다. 그리고 우리 마음이 하나님의 사랑에 사로잡히려면 혼자서 하나님의 빛을 쬘 수 있는 시간이 요구됩니다.

하나님의 한없는 사랑과 마음을 사로잡는 거룩한 능력을 믿으면 우리가 간구하는 것, 즉 성령을 통해서 우리 마음에 쏟아진 하나님의 사랑을 얻을 수 있습니다. 하나님은 자녀들이 마음과 힘을 다하여 자신을 사랑하길 바라십니다. 하나님은 우리가 얼마나 연약한지 아십니다. 그리고 바로 그 이유로 하나님의 깊은 것을 살피시고, 그 깊은 곳에서 우리 마음을 채울 수 있는 영원한 사랑의 샘을 찾아내신 성령님이 허락된 것입니다. 당신이 이것을 갈망하며 하나님을 가까이하고 조용히 받들고 경배하게 되면 어떤 지식으로도 헤아릴 수 없는 그리스도 안에 나타난 하나님의 사랑을 깨닫게 될 것입니다.

성령님은 당신이 이 사랑을 소유하길 바라고 계십니다. 성령님은 그리스도의 사랑 안에 거할 수 있는 하나님의 위대한 사랑에 힘입어서 아버지와 함께하시고 형제들이나 멸망의 길을 걷는 사람들에게 그 사랑을 전하라고 하루도 거르지 않고 교훈하십니다. 성령님은 당신 마음을 영원한 사랑의 샘으로 만들어서 영생이 흘러나와 모두에게 축복이 흘러가게 하실 것입니다. 그러므로 우리는 진정으로 감사하는 마음을 이렇게 고백해야 합니다. "성령님 덕분에 하나님의 사랑이 내 마음에 부어졌습니다!"

성령님 안에서 걸어가기

"내가 이르노니 너희는 성령을 따라 행하라. 그리하면 육체의 욕심을 이루지 아니하리라. …만일 우리가 성령으로 살면 또한 성령으로 행할지니"(갈 5:16,25). '행하다'(walk)라는 말은 우리가 비슷한 사람들과 날마다 함께 살아가고 있음을 일깨워 줍니다. 그리스도인은 걷고 대화를 나누면서 성령님의 인도하심을 추종하고 성령님을 따라서 걸어가야 합니다. 성령님을 따라서 걷는 것은 영적인 사람을 알리는 표지가 됩니다. 그런 사람은 성령 안에서 하나님을 섬기고 육체를 신뢰하지 않습니다.

우리는 종종 기도할 때 하나님과 대화하거나 하나님의 나라를 위해서 봉사할 때만 성령이 필요한 것처럼 말합니다. 이것은 커다란 오해입니다. 하나님은 온종일 성령께서 우리 안에 계시도록 허락하십니다. 우리는 매일의 삶 속에서 무엇보다 성령님이 절실합니다. 세상이 우리와 하나님을 떼어놓을 수 있는 강한 능력을 지니고 있기 때문입니다. 아침마다 우리는 그날에 필요한 성령님을 새롭게 허락해 달라고 기도해야 합니다. 하루를 보내면서 성령님이 우리와 함께하신다는 사실을 기억하며 하나님께 우리의 마음을 온전히 내드려야 합니다.

이와 관련해서 사도 바울은 이렇게 말했습니다. "너희가 그리스도 예수를 주로 받았으니 그 안에서 행하되"(골 2:6). 그리고 거듭해서 말했습니다. "주 예수 그리스도로 옷 입고"(롬 13:14). 외출할 때 겉옷을 입는 것처럼 그리스도인은 예수님을 옷 입음으로써 예수님이 내주하고 계시며 성령님을 따라 걷고 있음을 행동으로 보여주어야 합니다.

"너희는 성령을 따라 행하라. 그리하면 육체의 욕심을 이루지 아니하리라"(갈 5:16). 우리가 성령님의 인도하심을 따르지 않으면 육체가 우리를 다스리게 됩니다. 그렇기에 하나님께서 허락하신 은총이 얼마나 소중한지 다시 한번 깨닫게 됩니다. 우리 마음속에서 아들의 영이 "아빠 아버지!"라고 외치면 우리는 온종일 사랑스러운 자녀로서 하나님의 임재 안에서 걸어갈 수 있습니다.

그리스도인이라면 이 교훈을 깨달아야 합니다. 언제나 성령님을 따라 걸어가도록 교훈하려고 성령님이 주어진 것입니다. 하나님이 계속해서 거룩한 안내자가 되어주심에 감사해야 합니다. 하나님은 하늘로부터 우리를 매일 새롭게 하시고 걸어가게 하시며 그리스도 안에 머물도록 해주십니다.

성령님이 우리에게 하시는 일

"그가 내 영광을 나타내리니 내 것을 가지고 너희에게 알리시겠음이라"(요 16:14). 우리 주님은 제자들과 함께 마지막 날 밤을 보내시면서 위로자 성령을 보내주겠다고 약속하셨습니다. 비록 주님이 육신적으로 계속해서 함께하실 수는 없지만 제자들은 아주 놀라운 방식으로 주님의 임재를 맛보게 될 것입니다. 성령께서 제자들 마음속에 그리스도를 너무나 생생하게 계시해 주셔서 자신들과 계속 함께하시는 주님의 임재를 경험하게 될 것입니다. 성령님은 그리스도를 영화롭게 하실 것이며 천상의 사랑과 권능 안에 머물러 계신 영화로우신 그리스도를 계시하실 것입니다.

그리스도인들이 이런 영광스러운 진리를 얼마나 적게 이해하고, 얼마나 조금 믿으며, 얼마나 적게 체험하고 있는지 모릅니다. 만약 목회자들이 이와 같은 책이나 설교에서 온 마음을 다하여 예수 그리스도를 사랑하라고 격려하지 않는다면, 그와 동시에 오직 자기 힘만으로는 그 사랑을 실행할 수 없다고 경고하지 않는다면 목회자들은 자신의 의무를 소홀히 하는 것입니다.

하지만 그럴 수는 없습니다. 그것은 불가능한 일입니다. 우리 마음속에 그분의 사랑을 부어 주면서 그분을 뜨겁게 사랑하도록 가르쳐 주는 분은 오직 성령 하나님뿐이십니다. "소망이 우리를 부끄럽게 하지 아니함은 우리에게 주신 성령으로 말미암아 하나님의 사랑이 우리 마음에 부은 바 됨이니"(롬 5:5). 바로 그 성령님을 통하여 우리는 온종일 예수 그리스도의 사랑과 지속적인 임재를 경험할 수 있게 됩니다.

그러나 성령께서 우리를 완전히 소유하셔야 한다는 사실을 기억하십시오. 성령님은 우리 마음과 삶을 송두리째 갖길 원하십니다. 성령님은 온 힘을 다하여 우리 속사람을 강하게 하셔서 우리가 예수 그리스도와 날마다 교제를 나누고, 그분의 계명을 지키며, 그분의 사랑 안에 거할 수 있도록 도와주십니다. "그의 영광의 풍성함을 따라 그의 성령으로 말미암아 너희 속사람을 능력으로 강건하게 하시오며"(엡 3:16).

일단 이와 같은 진리를 이해하고 나면 우리는 스스로 성령님을 깊이 의뢰하고 있다고 느끼기 시작할 것이며 우리 마음속에 성령님이 권능으로 임하시게 해달라고 하나님께 간구하게 될 것입니다. 성령님은 말씀을 사랑하고 묵상하며 지키도록 우리를 가르치실 것입니다. 성령님은 우리에게 예수 그리스도의 사랑을 계시하셔서 "마음으로 뜨겁게"(벧전 1:22) 그분을 사랑할 수 있게 하실 것입니다. 그런 후에야 우리는 일상의 분주하고 산만한 일을 하는 중에도 예수님의 사랑이 영광스럽고 복된 현실로 다가올 수 있다는 사실을 깨닫기 시작할 것입니다.

사랑을 부어주시는 성령님

"소망이 우리를 부끄럽게 하지 아니함은 우리에게 주신 성령으로 말미암아 하나님의 사랑이 우리 마음에 부은 바 됨이니"(롬 5:5). "오직 성령의 열매는 사랑과 희락과 화평과 오래 참음과 자비와 양선과 충성과 온유와 절제니 이 같은 것을 금지할 법이 없느니라"(갈 5:22-23). 우리를 향한 그리스도의 사랑, 그리스도를 향한 우리의 사랑, 그리고 동료 그리스도인들이나 주변의 죽어가는 영혼들을 향한 우리의 사랑을 주의 깊게 살펴볼 때, 때때로 이와 같은 생각을 떠올리게 됩니다. "그에 대한 필요는 매우 크고 많지만 거기까지 도달하기란 굉장히 어려운 일이야. 아무리 그리스도인이라도 이와 같은 사랑의 삶을 살면서 다른 영혼들의 필요를 채워주기란 거의 불가능해"라고 말입니다. 그러니까 그 사랑이 불가능하다고 간주하기 때문에, 그리고 하나님의 약속에 대한 불신앙과 믿음 부족 때문에 우리는 이와 같은 사랑의 영을 키워가는 데서 거의 별다른 진전을 보이지 못하고 있습니다.

그러므로 우리는 자기 힘으로는 아무리 진지한 생각으로도 그리스도의 사랑을 억지로 얻을 수 없다는 사실을 계속해서 상기해야 합니다. 우리는 "우리에게 주신 성령으로 말미암아 하나님의 사랑이 우리 마음에 부은 바 되었다"라는 진리를 항상 되새겨야 합니다. 오직 성령님의 인도하심에 전적으로 굴복할 때라야 하나님의 뜻에 따라 살아갈 수 있게 될 것이기 때문입니다. 사랑에 기초한 이러한 내적인 삶을 통해 날마다 새로워질 때라야 우리는 영혼들을 위하여 일할 수밖에 없다고 느끼게 될 것이기 때문입니다.

여기에 당신이 올려드릴 수 있는 기도가 있습니다. "이러므로 내가 하늘과 땅에 있는 각 족속에게 이름을 주신 아버지 앞에 무릎을 꿇고 비노니 그의 영광의 풍성함을 따라 그의 성령으로 말미암아 너희 속사람을 능력으로 강건하게 하시오며 믿음으로 말미암아 그리스도께서 너희 마음에 계시게 하시옵고 너희가 사랑 가운데서 뿌리가 박히고 터가 굳어져서 능히 모든 성도와 함께 지식에 넘치는 그리스도의 사랑을 알고 그 너비와 길이와 높이와 깊이가 어떠함을 깨달아 하나님의 모든 충만하신 것으로 너희에게 충만하게 하시기를 구하노라(엡 3:14-19).

우리가 이 사랑에 "뿌리가 박히고 터가 굳어져서" "지식에 넘치는" 사랑을 알 수도 있지만 단 한 가지 조건 위에서만 그럴 수 있습니다. 곧 우리 "속사람이" 성령으로 강해져서 그리스도께서 마음속에 거하실 수 있도록 순종을 할 때만 말입니다. 그러면 우리는 실제로 "사랑 가운데서 뿌리가 박히고 터가 굳어지게" 될 것입니다.

그리스도인이여, 하나님의 말씀으로부터 이 메시지를 받으십시오. 그리하여 이 말씀이 당신의 삶에 영향을 미치도록 하십시오. 만약 날마다 무릎 꿇고 그분의 성령이 당신의 마음속에 계시하시도록 하나님을 고대하지 않는다면 이와 같은 사랑 안에서 살아갈 수 없습니다. 기도생활은 당신이 그리스도의 사랑, 동료 성도들을 향한 사랑, 영혼들을 향한 사랑이라는 복된 실재를 경험하도록 인도할 것입니다. 하나님께서 믿음으로 구하는 자에게 허락하시는 사랑의 성령, 날마다 은밀한 중에 바로 그 성령을 확신하도록 하십시오.

순종하는 이에게 약속된 성령

"너희가 나를 사랑하면 나의 계명을 지키리라. 내가 아버지께 구하겠으니 그가 또 다른 보혜사를 너희에게 주사 영원토록 너희와 함께 있게 하리니"(요 14:15-16). 하늘로 올라가실 예수님이 보혜사 성령을 보내 달라고 아버지께 기도하셨습니다. 처음 이런 기도를 하셨을 뿐 아니라 중보사역의 일부가 될 예정이었습니다. 주님은 "항상 살아계셔서 그들을 위하여 간구"(히 7:25)하실 것이었습니다. 하나님 아버지의 영과 함께 계속해서 교제할 수 있는 것은 모두 아들 덕분입니다.

주님은 여기서 성령님을 보내실 조건을 소개하십니다. 우리가 주님을 사랑하고 계명을 지키면 "내가 아버지께 구하겠으니." 이것은 의미 심장하고 철저한 말씀, 즉 절실하고 복된 교훈의 말씀입니다.

성령님이 오시면 우리는 하나님 아버지의 뜻을 실천할 수 있습니다. 그 조건은 합리적이고 정당합니다. 성령님을 통해서 계명을 지키는 한 우리에게 성령님이 충분히 허락되기 때문입니다. 우리가 이 진리를 진심으로 받아들이고 기꺼이 성령님의 인도하심에 자신을 맡기게 되면 날마다 성령 충만함을 누릴 수 있습니다. 우리는 마음을 다해서 그 조건을 수용하고 주님의 계명을 제대로 지키며 계명을 더 완벽하게 실천할 수 있는 능력을 간구하겠다고 고백해야 합니다.

사탄의 속삭임에 귀를 빌려주거나 불신과 게으름 때문에 무너져서는 안 됩니다. 주저하지 말고 주님께 자신을 내려놓아야 합니다. 우리 주님은 이렇게 말씀하셨습니다. "너희가 나를 사랑하면 나의 계명을 지키리라." 사랑 덕분에 실천할 수 있습니다. 예수님은 이 문제에 대해서 헛된 소망으로 우리를 속이지 않으십니다. 은혜를 주시고 우리 마음에 사랑을 허락하시면서 이렇게 말하도록 교훈하십니다. "나는 기쁘게 당신의 뜻을 실천하겠습니다!"

어린아이와 같은 믿음으로 주님을 신뢰하고 자신을 완벽하게 주님의 뜻에 맡겨야 합니다. 필요한 것은 그것이 전부입니다. 그러면 그분이 우리와 맺은 계약, 즉 "너희가 나를 사랑하면 나의 계명을 지키리라"의 아름다움을 이해하게 되고 하나님 아버지께서는 매일 우리에게 성령님을 보내주실 것입니다.

분별의 능력인 지혜의 영

"우리 주 예수 그리스도의 하나님, 영광의 아버지께서 지혜와 계시의 영을 너희에게 주사 하나님을 알게 하시고 너희 마음의 눈을 밝히사"(엡 1:17-18). 하나님의 말씀에서 인간적인 것과 신적인 것의 놀라운 결합을 확인할 수 있습니다. 언어는 인간의 것입니다. 이해할 수 있는 능력을 갖춘 사람이라면 하나님의 말씀에 담긴 뜻과 진리의 의미를 파악할 수 있습니다. 하지만 이 모든 것은 인간의 이해력을 활용하여 처리할 수 있습니다.

거룩하신 하나님께서 가장 깊은 생각을 우리에게 전달하는 것에는 신적인 측면이 존재합니다. 육신의 사람은 거기에 도달하거나 이해하지 못합니다. '영적인 것으로 분별' 해야 하기 때문입니다. 그리스도인은 성령님을 통해서만 하나님의 말씀에 담긴 신적인 진리를 활용할 수 있습니다.

사도 바울은 하나님께 성경을 읽는 사람들에게 지혜의 영, 즉 성령님을 통해서 기록한 말씀을 이해하고 누구든지 믿기만 하면 역사하시는 하나님의 커다란 능력을 깨달을 수 있는 눈을 허락해달라고 간절히 기도했습니다.

오늘날 우리의 신앙이 제대로 힘을 발휘하지 못하고 있습니다. 사람들이 하나님 말씀에 담긴 진리를 지적으로 받아들이고 자기 능력으로 실행하려고 노력하기 때문입니다. 하지만 그것은 신적인 진리를 우리에게 계시할 수 있는 성령님만이 가능합니다. 신학을 공부하는 학생이 하나님 말씀이라는 진리를 머리에 담긴 지식으로 받아들이더라도 그 말씀이 예수님 안에서 기쁨과 평안을 누리는 삶을 허락할 정도로 가슴에 영향력을 행사하지는 못합니다.

그렇기에 사도 바울은 하나님 말씀을 읽거나 묵상할 때 이렇게 기도하도록 권면합니다. "사랑의 하나님, 지혜와 계시의 성령을 허락해 주소서!" 우리가 매일 이런 기도를 하면 하나님의 말씀이 강력히 역사해서 우리 마음에 변화를 불러온다는 사실을 알게 됩니다. 하나님의 명령은 언약으로 바뀌게 될 것입니다. 하나님의 명령은 무겁지 않고 성령님이 모든 명령을 사랑과 기쁨으로 실천하도록 일러주실 것입니다.

거룩하게 하시는 영

"성령이 거룩하게 하심으로 순종함과 예수 그리스도의 피 뿌림을 얻기 위하여 택하심을 받은 자들에게"(벧전 1:2). 구약성경에는 하나님이 삼중적으로 거룩하신 분으로 계시되었습니다. 영은 1백 번이상 등장하지만 성령님은 단지 세 차례만 언급됩니다. 하지만 신약성경에서는 '거룩'이라는 단어가 성령님께 일정하게 적용되어 있고 그리스도께서는 우리가 거룩해질 수 있도록 자신을 거룩하게 하셨습니다. 성령님의 일차적인 사역은 우리를 성화시키는 것처럼 그리스도를 우리 안에서 영화롭게 하는 것입니다.

교회의 기도 모임이나 개인적인 경건생활을 하다가 성령님께 주어진 위대한 목적이 당신을 성화시키는 것이라는 이 진리와 본격적으로 씨름해 본 적이 있으신지요? 당신이 이 진리를 받아들이지 않으면 성령님은 정결하게 하는 사역을 진행하지 못하십니다. 성령님이 조금 더 도움이 되는 쪽으로 움직이고 조금 더 기도하도록 도움을 주는 수준에서 만족한다면 큰 발전은 불가능합니다. 성령님은 하나님의 거룩함을 확실하게 나눠줄 목적으로 거룩한 영이라는 이름을 갖고 계신 것입니다. 그리고 우리가 성령님을 통해서 완전히 성화될 것이라는 사실을 확신하기만 한다면 성령께서 우리 마음에 거하심을 의식하기 시작할 것입니다.

그러면 어떤 결과를 얻게 될까요? 성령님께 완전히 사로잡혀야 한다고 생각하게 됩니다. 온종일 그분의 통제를 받고 그대로 따르게 됩니다. 당신의 삶과 대화는 성령 안에서 진행될 것입니다. 당신의 기도, 신앙, 그리고 하나님과의 교제와 하나님을 위한 모든 사역은 완벽하게 그분의 통제를 따르게 될 것입니다. 거룩한 영이신 성령님은 성화시키는 영이기 때문입니다.

내가 지금까지 거론한 내용은 심오하고 영원한 진리입니다. 우리가 이 진리를 별다른 거부감 없이 받아들이고 하루도 거르지 않고 묵상한다고 해도, 하늘의 지혜를 소유한 영과 하나님께서 놀라운 선물로 주시려고 하는 것, 즉 성화의 영을 볼 수 있게 하나님이 허락하실 때까지 기다리지 않으면 소용이 없습니다. 아침마다 천천히, 그리고 조용하게 고백해야 합니다. "아빠 아버지, 이 새로운 날에 성령님의 선물을 내 안에 새롭게 허락하여 주소서!"

하늘나라의 기쁨인 하늘의 영

"하늘로부터 보내신 성령을 힘입어 복음을 전하는 자들"(벧전 1:12). 예수 그리스도께서는 하나님을 하늘에 계신 우리 아버지라고 생각하도록 가르치셨습니다. 그분은 지상의 자녀들에게 축복을 내려 줄 준비를 하고 계십니다. 우리 주님이 영광스러운 하늘로 올라가셨고, 그래서 우리는 하늘나라에 마련된 장소에, 그리스도를 통해서 그분과 함께 앉아 있다는 사실을 알고 있습니다. 성령님은 하늘의 빛과 사랑과 기쁨과 능력을 모두 우리 가슴에 쏟아 붓기 위해서 하늘에서 우리를 찾아오셨습니다.

진실로 성령으로 충만한 이들은 내부에 하늘나라의 생명을 보유하고 있습니다. 하늘나라에서 지내듯이 말과 행동을 합니다. 그들은 매일 아버지와 아들과 교제합니다. 위에 있는 것을 추구합니다. 그들의 생명이 그리스도와 함께 하나님 안에 감춰져 있기 때문입니다. 성품은 주로 하늘나라를 지향합니다. 그들은 영원하고 하늘나라에서 지낼 수밖에 없는 운명이라는 표지를 소유하고 있습니다.

이런 하늘나라의 성향을 어떻게 계발할 수 있을까요? 하늘에서 보내심을 받은 성령님이 우리 마음에서 하늘나라의 일을 행하시게 하고 하나님의 낙원에서 성장하는 성령의 열매들이 성숙하게 해야 합니다. 성령님은 매일 하늘나라에서 하나님과 교제하고 싶은 마음을 불러일으키고 하늘나라에서 하나님과 함께하는 법을 우리에게 가르쳐 주십니다. 성령님은 하늘에 계신 영광스러운 그리스도께서 우리 마음에 임재하게 하시고 내주하시는 그리스도의 임재에 거하도록 교훈하십니다.

그리스도인이라면 누구나 성령님의 지속적인 인도하심을 하나님으로부터 받는 시간을 매일 가져야 합니다. 하나님께서 당신을 위해 세상을 이기게 하시고 하늘나라의 자녀로서 하나님과 예수님과 더불어서 하루도 거르지 않고 동행할 수 있는 능력을 허락하시게 해야 합니다.

믿음을 버리면 안 됩니다. 당신이 믿음 안에서 자신을 성령님의 통제에 맡기면 그분은 당신을 위해서 직접 활동하십니다. 당신은 하늘나라의 기쁨을 누리면서 다른 사람들과 대화를 나누고, 그래서 그들이 성령님의 인도하심을 받고 그리스도의 사랑이라는 하늘의 기쁨을 맛보며 생활하도록 이끄는 법을 익혀야 합니다.

마르지 않는 생수의 강

"나를 믿는 자는 성경에 이름과 같이 그 배에서 생수의 강이 흘러나오리라"(요 7:38). 우리 주님은 사마리아 여인과 대화하면서 이렇게 말씀하셨습니다. "내가 주는 물은 그 속에서 영생하도록 솟아나는 샘물이 되리라"(요 4:14). 여기에 소개된 성경 구절에 담긴 언약은 훨씬 더 강력합니다. 생수의 강이 자신에게 흘러나와서 다른 사람들에게 생명과 축복을 가져다준다는 것입니다.

더 나아가 사도 요한은 이것이 그리스도께서 영광받으실 때 찾아오시는 성령님을 가리킨다고 말합니다. 왜냐하면 아직 성령님이 부어지지 않았기 때문입니다. 구약성경에는 하나님의 영이 거론되었지만 성령님은 아직 주어지지 않았습니다. 그리스도께서는 성령을 제자들의 가슴에 붓기 전에 먼저 영원한 영을 통해서 자신을 십자가에 바치시고, 거룩한 영을 통해 죽음에서 부활하시며, 아버지로부터 성령을 보낼 수 있는 능력을 받으셔야 했습니다.

이와 관련해서 성경은 이렇게 증거합니다. "영원하신 성령으로 말미암아 흠 없는 자기를 하나님께 드린 그리스도의 피가 어찌 너희 양심을 죽은 행실에서 깨끗하게 하고 살아 계신 하나님을 섬기게 하지 못하겠느냐"(히 9:14). 그리고 그분은 "죽은 자들 가운데서 부활하사 능력으로 하나님의 아들로 선포"되셨습니다(롬 1:4). 그리스도께서 죽음을 상대로 승리함으로써 그리스도인은 비로소 그리스도의 거룩한 영이 지금 내 안에 계신다고 말할 수 있습니다.

그리스도인이 생명의 샘물과 강에 관한 이 두 가지 놀라운 언약을 경험하려면 자신의 삶을 주장하는 권리를 포기하고, 그리스도와 내적으로 결합하고, 사귐을 위해서 전적으로 내려놓으며, 성령님이 불가능한 일을 해낼 수 있다는 분명한 확신이 있어야 합니다.

우리 주 예수님은 믿는 사람에게 훨씬 더 많은 것을 허락하십니다. 믿음은 하나님의 능력과 사랑을 즐거워할 필요가 있고 생수가 흘러나올 수 있게 날마다 주님을 의지하게 합니다.

저수지에서 물이 항상 집으로 흘러넘치게 하려면 한 가지가 필요합니다. 그것은 완벽하게 연결되어야 물이 저절로 파이프를 타고 흐르게 된다는 사실입니다. 따라서 당신과 그리스도 사이의 결합을 그 무엇도 방해하게 해서는 안 됩니다. 당신의 믿음이 그리스도를 받아들이고 새로운 삶을 지속할 수 있게 주님을 의지해야 합니다. 예수 그리스도께서 우리에게 성령을 허락하시고, 성령께서 축복의 샘처럼 우리 안에 거하신다는 사실을 기뻐하며 확신해야 합니다.

성령님과 십자가는 하나

"하물며 영원하신 성령으로 말미암아 흠 없는 자기를 하나님께 드린 그리스도의 피가 어찌 너희 양심을 죽은 행실에서 깨끗하게 하고 살아 계신 하나님을 섬기게 하지 못하겠느냐"(히 9:14). 성령님과 십자가의 관계는 헤아릴 수 없을 만큼 가깝고 풍성한 의미를 지니고 있습니다. 성령님은 그리스도를 십자가로 인도하시고 그곳에서 목숨을 버리게 하셨습니다. 십자가는 그리스도와 성령님께 지상에서 더는 바랄 수 없는 정점이었습니다. 십자가는 그리스도께 지상으로 성령님이 임하도록 간구할 수 있는 권리를 허락했습니다. 주님은 죄를 몰아내기 위해서 화목을 실천하셨기 때문입니다. 십자가는 성령의 능력을 우리에게 허락하실 수 있는 권리와 능력을 그리스도께 제공했습니다. 그 위에서 주님은 우리를 죄의 능력에서 벗어나게 하셨습니다.

그것을 간단히 말하면 이렇습니다. 그리스도께서 우리의 죄와 세상을 위해 죽지 않으셨다면 하늘나라의 축복이나 성령님을 부어주시는 게 불가능했을 것입니다. 주님은 하나님 앞에서 살려고 죽음에서 죽으셨습니다. 그리고 그것은 성령님이 십자가를 우리 마음에 전달하는 방법이었습니다.

우리가 성령님의 능력을 완벽하게 받을 수 있는 것은 그리스도와 함께 십자가에 달렸기 때문입니다. 하지만 성령님이 우리를 철저하게 소유하지 못하는 것은 세상에 속한 우리가 죽는다는 것이 얼마나 중요한지 제대로 인식하지 못하기 때문입니다.

성령님의 교제가 십자가의 교제라는 사실을 이해하거나 경험하는 그리스도인이 어째서 그렇게 적을까요? 성령님과 십자가가 하나라는 것에 대해서 심오하고 영적인 통찰력을 발휘할 수 있는 지혜의 영을 간구할 필요성을 느끼지 못하기 때문입니다. 그들은 인간의 지혜를 의지하려고 합니다. 하지만 성령님을 통해서 거룩한 진리를 가르치시는 하나님을 의지하는 법이 거의 없습니다.

성령님이 그리스도의 십자가로 우리를 데려가 그분과 교제를 나누고 세상과 죄에 대해서 죽음으로써 만물이 새로워질 수 있도록 간구해야 합니다. 당신이 이것을 행동으로 옮긴다면 실제로 성령 안에서 생활하고 걷고 일하고 즐거워하며 하나님께 영광을 돌릴 수 있습니다.

피로써 가능한 성령 충만

"증언하는 이가 셋이니 성령과 물과 피라. 또한 이 셋은 합하여 하나이니라"(요일 5:7-8). 물은 중생을 통해서 새로워지고 정결해지고 있음을 보여주는 외적인 표지라서 세례에 사용됩니다. 성령님과 피는 서로 다른 두 가지 영적 표현이지만 중생의 순간에는 함께 역사하십니다. 즉 피는 죄를 용서받는 데, 영은 본성 전체가 새로워질 때 필요합니다. 성령님과 피는 서로 어긋나는 법이 없습니다.

성령님과 피가 하나라는 것은 영적이며 참입니다. 우리는 피 덕분에 성령님을 얻게 됩니다. 피를 통해서 구속받고 정결해짐으로써 성령님을 받을 수 있게 되는 것입니다. 피를 통해서만 확신하고 성령님을 간구하는 기도를 하고 받을 수 있습니다. 만일 그리스도인이 매일 성령님의 인도하심을 담대하게 신뢰하고 싶다면 보혈을 확실하고 강력하게 믿어야 합니다.

당신은 어쩌면 자신이 거의 의식하지 못하는 죄를 지었을지 모릅니다. 그것은 성령님을 근심하게 하고 멀어지도록 합니다. 이것을 벗어날 수 있는 유일한 방법은 "예수의 피가 우리를 모든 죄에서 깨끗하게 하실 것"(요일 1:7)이라고 믿는 것입니다. 당신이 하나님께 나아갈 수 있는 유일한 권리는 어린 양의 피 덕분입니다. 알고 있든 모르든 간에 죄를 남김없이 가지고 나아가서 그리스도의 보혈에 호소해야 합니다. 그것은 사랑을 근거로 당신을 받아들이고 용서하는 유일한 권리입니다.

그럼에도 죄의 용서에 만족하지 말고 피로써 가능한 성령 충만함을 받아들여야 합니다. 구약성경을 보면 제사장이 피를 가지고 성소에 들어가고 대제사장은 지성소에 들어갑니다. 그리스도께서는 자기 피를 가지고서 하늘의 성소에 들어가 거기서 성령을 부어주셨습니다. 당신은 피에 의지해서 성령의 충만함으로 나아갈 수 있는 권리가 있음을 알아야 합니다. 그러므로 그리스도의 피로 구속받은 우리는 하나님께 값을 치르고 산 소유처럼 완벽하게 자신을 내려놓고 성령님의 거처로 사용할 수 있는 거룩한 그릇이 되어야 합니다.

회개와 죄 사함의 순전한 복음

"베드로가 이르되 너희가 회개하여 각각 예수 그리스도의 이름으로 세례를 받고 죄 사함을 받으라. 그리하면 성령의 선물을 받으리니"(행 2:38). 세례 요한은 "회개하라. 천국이 가까웠느니라"고 설교하면서 "나는 너희로 회개하게 하기 위하여 물로 세례를 베풀거니와 내 뒤에 오시는 이는 나보다 능력이 많으시니 나는 그의 신을 들기도 감당하지 못하겠노라. 그는 성령과 불로 너희에게 세례를 베푸실 것이요"(마 3:11)라고 말했습니다.

예수님은 천국 복음을 전파하시며 이렇게 말씀하셨습니다. "여기 서 있는 사람 중에 죽기 전에 인자가 그 왕권을 가지고 오는 것을 볼 자들도 있느니라"(마 16:28). 이것이 바로 성령님이 부어질 때 일어난 일이었습니다.

오순절에 베드로는 죄의 회개와 용서의 순전한 복음, 그리고 성령님의 선물을 설교했습니다. 이것은 복음을 전하는 데 있어서 필수적입니다. 그럴 때만이 그리스도인이 하나님의 뜻 안에서 살아가고 무슨 일에서든지 그분께 기쁨을 드릴 수 있기 때문입니다. 하나님의 나라는 성령님을 통해서 주어지는 의(그리스도 안에서)와 기쁨(하나님 안에서)입니다. 그리스도께서 "나의 기쁨"이라고 말씀하시는 지속적인 기쁨은 성령님의 능력을 통해서만 얻을 수 있습니다.

온전하지 못한 복음, 즉 회심과 죄의 용서를 가르치지 않는 복음을 전파하고 영혼을 더는 진리로 인도하지 못할 때가 얼마나 잦은 줄 모릅니다. 우리 안에 계신 성령님에 관한 지식과 적절한 삶은 거론조차 하지 않습니다. 그러므로 많은 그리스도인이 힘을 불어넣어 줄 기쁨을 구하기 위해서는 반드시 매일 성령님을 의지해야만 한다는 사실을 이해하지 못하는 것도 당연한 일입니다.

당신은 자신을 위해서, 당신이 섬기는 이들을 위해서 역시 이 진리를 받아들여야 합니다. 하나님의 영이 인도하시는 것을 하루도 거르지 않고 즐거워하는 것은 충만한 신앙생활을 하는 데 필수적입니다. 영적 생활을 하다가 무엇인가 빠진 것 같은 기분이 들 때는 성령님의 선물을 날마다 새롭게 허락해 달라고 즉시 기도하기 시작해야 합니다.

그런 뒤에는 온종일 성령님의 인도하심을 신뢰해야 합니다. 갈라디아서 5장 22~23절을 암송함으로써 성령님이 당신을 위해서 하시게 될 모든 일에 용기를 발휘해야 합니다. "오직 성령의 열매는 사랑과 희락과 화평과 오래 참음과 자비와 양선과 충성과 온유와 절제니." 당신 마음을, 주님을 위한 정원으로 삼으세요. 그러면 성령님이 하나님의 영광을 위해서 열매를 풍성히 맺으실 것입니다.

주님을 현현하시는 거룩한 성령님

"그가 내 영광을 나타내리니 내 것을 가지고 너희에게 알리시겠음이라"(요 16:14). 우리 주님께서 제자들에게 "볼지어다. 내가 세상 끝날까지 너희와 항상 함께 있으리라"(마 28:20)고 말씀하셨을 때 처음에는 제자들이 주님의 말씀에 담긴 온전한 의미를 제대로 이해하거나 경험하지 못했습니다. 제자들이 그들 안에 거하시는 영속적인 임재의 기쁨 안에서 새로운 삶을 살기 시작한 것은 영광을 받으신 그리스도께서 하늘로부터 제자들의 마음속으로 내려오신 성령으로 충만해졌던 오순절이었습니다.

우리 주님이 영광스러운 약속을 성취하시는 것, 특히 성부와 성자께서 우리 안에 거하시겠다는 약속의 성취(요 14:23)에 대한 우리의 믿음은 모두 한 가지 본질적이고 필연적인 조건이 전제되어야 합니다. 곧 오순절에 제자들에게 임하셨고 그리스도의 성령께서 우리를 다스리고 인도하실 수 있도록 철저히 끊임없이 자신을 내드리는 삶이 전제되어야 합니다.

나는 아무도 "그리스도께서 날마다 온종일 우리와 함께하시는 것을 경험하기란 불가능하다"고 말하기를 바라지 않습니다. 그리스도께서는 진정으로 그분의 말씀이 단순하고도 영원한 실재가 되기를 바란다는 뜻으로 이렇게 말씀하셨습니다. 그리스도께서는 그러한 약속이 절대적인 신성한 진리로 받아들여지길 바란다는 뜻으로 이렇게 말씀하셨습니다. "나의 계명을 지키는 자라야 나를 사랑하는 자니 나를 사랑하는 자는 내 아버지께 사랑을 받을 것이요 나도 그를 사랑하여 그에게 나를 나타내리라"(요 14:21). "사람이 나를 사랑하면 내 말을 지키리니 내 아버지께서 그를 사랑하실 것이요 우리가 그에게 가서 거처를 그와 함께하리라"(요 14:23).

그러나 이러한 진리는 하나님으로서 권능을 가지신 성령을 깨달아 알고 믿고 순종하는 곳에서만 경험될 수 있습니다. 그리스도께서 요한복음 14장에서 말씀하신 것은 사도 바울이 "오직 내 안에 그리스도께서 사시는 것이라"(갈 2:20)고 말했을 때, 또한 사도 요한이 "그의 계명을 지키는 자는 주 안에 거하고 주는 그의 안에 거하시나니 우리에게 주신 성령으로 말미암아 그가 우리 안에 거하시는 줄을 우리가 아느니라"(요일 3:24)고 표현했을 때 거듭 증언한 내용입니다.

성부 하나님을 알리기 위해 그리스도께서 하나님으로 오셨으며 우리 안에 계신 그리스도를 알리기 위하여 성령님이 하나님으로 오셨습니다. 우리는 하나님이신 성령께서 절대적인 순종을 요구하시며 기꺼이 우리의 모든 존재를 사로잡고 있기를 원하신다는 사실을 깨달아야 합니다. 그리고 그리스도께서 우리에게 요구하시는 모든 것을 우리에게 성취하실 수 있다는 사실을 이해해야 합니다.

육신의 온갖 권세로부터 우리를 구해주실 수 있는 분, 우리 안에 자리 잡은 세상 권세를 정복하실 수 있는 분이 바로 이 성령님이십니다. "볼지어다. 내가 세상 끝날까지 너희와 항상 함께 있으리라"(마 28:20)는 말씀에서처럼 예수 그리스도께서 다름 아닌 우리 안에 거하시는 그분의 영속적인 임재를 통해 우리에게 그분 자신을 현현하시는 것도 바로 이 성령님이십니다.

오직 성령으로 충만함을 받으라

"그러므로 어리석은 자가 되지 말고 오직 주의 뜻이 무엇인가 이해하라. 술 취하지 말라. 이는 방탕한 것이니 오직 성령으로 충만함을 받으라. 시와 찬송과 신령한 노래들로 서로 화답하며 너희의 마음으로 주께 노래하며 찬송하며 범사에 우리 주 예수 그리스도의 이름으로 항상 아버지 하나님께 감사하며 그리스도를 경외함으로 피차 복종하라"(엡 5:17-21). 만일 "오직 성령으로 충만함을 받으라"는 표현이 단지 오순절 이야기에만 적용된다면, 우리는 그것을 무슨 특별한 것으로 여기면서 일상적인 삶을 의미하는 게 아니라고 생각할 수도 있습니다. 그러나 앞서 제시된 성경 말씀은 모든 그리스도인과 일상적인 삶이 그렇게 되기를 바란다는 뜻임을 우리에게 가르쳐줍니다.

이것을 좀 더 충분히 깨닫기 위해 성령은 예수 그리스도 안에서 어떤 분이셨는지, 어떤 조건 아래서 인자 예수님이 성령으로 충만해지셨는지 한번 생각해 보십시오. 예수 그리스도께서 기도하는 가운데 그분 자신을 하나님께 희생제물로 드렸을 때, 그리고 죄인의 세례를 받으셨을 때 성령을 받으셨습니다.

성령으로 충만해진 예수 그리스도께서는 40일 동안 금식하는 가운데 육신의 필요를 희생하면서 자유롭게 하나님 아버지와 교제할 뿐만 아니라 사탄에게 승리를 거둘 수 있는 데까지 이끌려 가셨습니다. 예수님은 굉장히 굶주렸을 때조차도 그분의 권능을 사용하여 빵을 만들어 굶주림을 해결하라는 사탄의 유혹을 거부하셨습니다. 그리하여 성령께 이끌려 영원하신 영으로 하나님께 아무런 흠 없이 그분 자신을 내드리기까지 모든 생명을 아끼지 않으셨습니다. 그리스도 안에서 성령은 기도, 순종, 희생제물을 의미하였습니다.

그와 마찬가지로 그리스도를 따르고, 우리 안에 그분의 마음을 품고, 그분의 생명을 살아내려고 한다면 우리는 일용할 양식으로 성령 충만을 받으려고 노력해야 합니다. 다른 어떤 방식으로도 우리는 순종, 기쁨, 자기희생의 삶을 살 수 없으며, 능력 있게 섬기는 삶을 살 수 없습니다.

성령 충만이 특별하게 나타나는 때도 있을 수 있지만 오직 날마다 종일토록 성령님의 인도하심을 받는 때라야 우리는 예수 그리스도 안에 거할 수 있으며 육신과 세상을 정복할 수 있습니다. 그리고 기도하는 가운데 하나님과 더불어 살아가며 겸손하게 열매 맺는 거룩한 섬김으로 섬기는 가운데 우리 동료와 더불어 살아갈 수 있게 됩니다.

다른 무엇보다 "볼지어다. 내가 세상 끝날까지 너희와 항상 함께 있으리라"(마 28:20)는 예수 그리스도의 말씀이 완벽하게 이해되고 경험될 수 있는 것은 오직 우리가 성령으로 충만해질 때입니다. 아무도 이것이 너무 높은 차원의 이야기라거나 불가능하다고 생각하지 않도록 주의하십시오. "무릇 사람이 할 수 없는 것을 하나님은 하실 수 있느니라"(눅 18:27).

그런데 우리가 그것을 즉각적으로 얻을 수 없는 경우라면 적어도 끊임없는 기도, 어린아이와 같은 단순한 믿음을 명확한 목표로 삼아 거룩한 결단을 행해야 합니다. "볼지어다. 내가 세상 끝날까지 너희와 항상 함께 있으리라"(마 28:20)는 말씀은 복되신 성령님의 확실하고도 아주 넉넉한 도우심으로 우리 일상에서도 그대로 이루어지기를 바란다는 뜻을 담고 있습니다. 그러므로 그리스도를 믿는 우리 믿음은 성령 충만을 위한 척도가 될 것입니다. 그리고 우리 안에 계신 성령님의 권능에 대한 척도는 그리스도의 임재에 대한 우리 경험의 척도로 자리 잡게 될 것입니다.

성령님의 임재 안에서

"그가 내 영광을 나타내리니 내 것을 가지고 너희에게 알리시겠음이라"(요 16:14). 주님은 제자들과 함께 마지막 밤을 지내면서 성령을 보혜사로 보내겠다고 약속하셨습니다. 비록 몸으로는 함께하시지 않더라도 제자들은 주님이 자신들에게 임재하시고 놀라운 방식으로 함께하심을 깨닫게 될 것입니다. 하나님이신 성령님은 제자들 마음에 그리스도를 알려주셔서 그분이 그들과 계속해서 함께하심을 경험하게 될 것입니다. 성령님은 그리스도의 영광을 나타내시고 하늘나라의 사랑과 능력으로 영광스럽게 되신 그리스도를 알려주시게 될 것입니다.

그리스도인들이 이 영광스러운 진리를 얼마나 이해하고 믿고 경험하는지는 알 길이 없습니다. 이런 작은 책이나 설교를 통해서 그리스도인이 예수님을 사랑하도록 격려하고, 동시에 자기 능력에 의지해서 사역을 감당하는 게 본연의 임무와 무관하다고 지적하지 않는다면 사역자로서의 구실을 다하지 못하는 것입니다. 자신의 힘으로 사역하는 것은 불가능합니다. 그것을 가능하게 하시는 분은 성령님 한 분뿐이고, 성령님이 우리 마음에 사랑을 부어주시고 뜨겁게 사랑하도록 가르쳐 주십니다. 우리는 성령님을 통해서 예수님의 사랑과 내주하심을 경험할 수 있습니다.

그렇지만 하나님의 영이 우리를 온전히 소유하셔야 한다는 사실을 명심해야 합니다. 성령님은 우리 마음과 삶을 주장하십니다. 성령님은 능력으로 속사람을 강하게 만들어 그리스도와 교제를 나눌 수 있게 하시고, 자신의 명령을 지키게 하시며, 예수님의 사랑 안에 거하게 하십니다.

일단 우리가 이 진리를 깨닫기만 한다면 성령님을 철저히 의지해야 한다고 생각하기 시작하며 하나님 아버지께 능력 있는 성령님을 보내 달라고 기도하게 될 것입니다. 성령님은 말씀을 사랑하고 묵상하며 지키도록 우리를 가르쳐 주십니다. 우리가 순수한 마음으로 뜨겁게 그리스도를 사랑할 수 있도록 그리스도의 사랑을 알려 주십니다. 그러면 우리는 매일의 삶과 번잡함 속에서 예수 그리스도를 사랑하는 삶이 영광스러운 가능성이며 복된 실재라는 사실을 깨닫게 될 것입니다.

예배 중에 임하시는 성령님

　　"이는 우리 복음이 너희에게 말로만 이른 것이 아니라 또한 능력과 성령과 큰 확신으로 된 것임이라. 우리가 너희 가운데서 너희를 위하여 어떤 사람이 된 것은 너희가 아는 바와 같으니라. 또 너희는 많은 환난 가운데서 성령의 기쁨으로 말씀을 받아 우리와 주를 본받은 자가 되었으니"(살전 1:5-6). 사도 바울은 그리스도인들에게 자신이 하는 설교의 일차적인 특징은 성령님이 주시는 초자연적인 능력이라고 몇 번이나 강조했습니다. 고린도 교인들에게 그는 이렇게 편지를 보냈습니다. "내 말과 내 전도함이 설득력 있는 지혜의 말로 하지 아니하고 다만 성령의 나타나심과 능력으로 하여 너희 믿음이 사람의 지혜에 있지 아니하고 다만 하나님의 능력에 있게 하려 하였노라"(고전 2:4-5). 성령님은 귀를 기울이는 이들에게 아주 자세히 알려주시기 때문에 그들은 말씀을 "성령의 기쁨으로" 받아들였습니다.

　이것은 영적생활을 하는 데 있어서 무엇보다 중요한 교훈입니다. 우리는 설교를 들을 때 내용을 확인하는 데 주로 집중하다 보니 교회에 참석해서 얻는 축복이 다음 두 가지 일에 달려 있다는 사실을 쉽게 잊어버립니다. 첫째, 설교자가 "능력과 성령으로" 전하도록 기도하는 것입니다. 둘째, 교인들과 우리가 "믿는 자 가운데서 역사"(살전 2:13) 하시는 하나님의 말씀을 받아들일 수 있도록 기도하는 것입니다.

　인간의 지혜와 감정을 이용해서 말하고 들으면 성령님의 능력이 나타나지 않을 때가 많습니다. 각 사람이 하나님께서 자녀를 위해 마련하신 믿음생활을 영적으로 살필 수 있게 해주는 능력 역시 발휘되지 못할 때가 종종 있습니다.

우리 삶에서 성령님이 머무르셔야 할 곳이 어디이고, 하나님께서 우리 안에서 행하실 일이 얼마나 완벽한지 확인할 수 있는 지혜의 영과 계시를 남김없이 보여 달라고 간절히 기도해야 합니다. 하나님은 우리가 이 기도를 익힐 수 있게 도와주십니다. 계속해서 우리는 그리스도께서 제자들에게 성령의 능력이 기다리라고 말씀하시면서 "땅끝까지 이르러 내 증인이 되리라"(행 1:8)고 하신 의도를 깨닫게 될 것입니다.

하나님께서 성령님의 능력을 사역과 선교와 예배 참석자들에게 임하도록 교훈하시고 설교를 통해서 성령과 능력이 나타나서 영혼들이 회개하고 거룩해질 수 있게 간절히 기도해야 합니다.

성령님의 능력을 기다림

"사도와 함께 모이사 그들에게 분부하여 이르시되 예루살렘을 떠나지 말고 내게서 들은 바 아버지께서 약속하신 것을 기다리라. 요한은 물로 세례를 베풀었으나 너희는 몇 날이 못되어 성령으로 세례를 받으리라 하셨느니라"(행 1:4-5). 우리 주님은 위대한 명령("너희는 온 천하에 다니며 만민에게 복음을 전파하라." 막 16:15)을 내리고 난 뒤에 최후의 명령을 덧붙이셨습니다. "너희는 위로부터 능력으로 입혀질 때까지 이 성에 머물라"(눅 24:49). "너희는 몇 날이 못 되어 성령으로 세례를 받으리라"(행 1:5).

그리스도인은 누구나 만민에게 복음을 전하라는 위대한 명령이 제자뿐만 아니라 우리와도 관계가 있다는 사실을 알고 있습니다. 그렇지만 바로 그 마지막 명령, 즉 위로부터 능력을 받기 전까지 전파하지 말라는 것에는 그다지 관심을 기울이지 않는 것 같습니다. 그것은 제자들과 마찬가지로 우리에게도 적용되는 명령입니다.

교회는 비밀 가운데 비밀을 자신의 몫으로 삼아야 할 소유권을 상실한 것처럼 보입니다. 우리가 성령님의 능력 안에서 살아갈 때만 성령님과 능력을 드러내면서 복음을 전할 수 있음을 하루도 거르지 않고 줄곧 의식해야 합니다. 영적 결실이 부족한 설교와 사역을 아주 흔히 접하게 되는 것도 이 때문입니다. 기도를 열심히 하지 않는다는 불평을 흔히 접하고 무엇보다 사역에 요구되는 위로부터 주어지는 능력을 간구하는 아주 효과적인 기도가 그렇게 드문 것도 바로 이것과 무관하지 않습니다.

이 책을 통해서 우리는 복되신 주님의 말씀과 사역에서, 주님의 말씀을 받아들이고 약속이 성취될 때까지 한마음으로 기도해서 성령 충만해져야 합니다. 그러고 나서 직접 하나님께서 처리하실 수 있는 강력한 능력이 무엇인지 입증해낸 제자들의 고백과 사역에서 오순절의 비밀을 배우려고 갈망해야 합니다.

성령님의 은총을 간절히 간구해야 합니다. 성령님만이 눈으로 볼 수 없고 귀로 들을 수 없으며 사람의 생각으로는 이해할 수 없는 것, 즉 하나님이 행하시고 그분을 기다리는 이들을 위해 즐겨 일하시는 것을 우리에게 직접 계시하실 수 있습니다. 지금은 잃어버린 비밀이 되어버린, 뜨거운 기도에 관한 응답으로 성령님의 능력이 확실하게 허락될 것이라는 분명한 약속을 찾아낼 수 있도록 기도해야 합니다.

위로부터 내려오는 능력

"볼지어다. 내가 내 아버지께서 약속하신 것을 너희에게 보내리니 너희는 위로부터 능력으로 입혀질 때까지 이 성에 머물라 하시니라"(눅 24:49). 예수님이 제자들에게 말씀하셨습니다. "나를 떠나서는 너희가 아무것도 할 수 없음이라"(요 15:5). 그렇다면 주님은 어째서 이렇게 무능력하고 도움이 되지 않는 사람들을 선택하셔서 자신을 위해 세상을 정복하도록 파송하신 것일까요?

무기력한 그들은 자신을 내려놓고 자신의 사역을 통해서 주님의 능력이 드러날 수 있도록 보좌에 계신 그분께 기회를 줬습니다. 그리스도께서 지상에 계실 때 아버지께서 그 안에서 모든 일을 하신 것처럼 그리스도께서는 지금 하늘에서 놀라운 사역자가 되셔서 하늘과 땅의 모든 권세가 자신에게 주어졌다는 사실의 그들로 입증하고 싶어 하십니다. 제자들의 역할은 기도하고 믿으며 자신을 그리스도의 강력한 능력에 맡기는 것이었습니다.

성령님은 제자들이 소유할 수 있는 능력을 갖춰서 그들 안에 거하려고 하신 것이 아닙니다. 오히려 그들을 소유하고 그들의 사역이 전능하신 그리스도의 사역이 되기를 진정으로 바라셨습니다. 제자들은 매일 부단한 의지와 기도, 그리고 확신에 찬 기대를 품는 자세를 유지해야 했습니다.

사도들은 실제로 예수 그리스도를 친밀하게 아는 법을 익혔습니다. 그리스도의 강력한 사역을 모두 목격했습니다. 그들은 그리스도의 교훈을 받았고 모든 고난의 자리까지 따라갔습니다. 심지어 십자가의 죽음까지 그랬습니다. 그리고 그리스도를 눈으로 보았을 뿐만 아니라 부활의 능력과 마음으로 경험한 부활을 통해 그분을 알게 되었습니다. 그렇지만 그리스도께서 하늘의 보좌에서 성령님을 보내 그 안에 거하시기 전까지 그들은 주님을 올바로 알지 못했습니다.

그리스도인은 마음에 예수님을 계시하는, 내주하시는 성령님의 생명과 능력 이외에는 그 무엇에도 만족해서는 안 됩니다. 왜냐하면 오직 성령님만이 능력 있는 영적 삶을 사는 데 유일하게 적합하기 때문입니다. 또한 그리스도께서 전능하신 능력으로 우리를 빌어서 말씀하시지 않는다면 새로운 언약을 증거해서 그것을 듣는 이들을 구원하는 일이 불가능하기 때문입니다.

영적인가, 아니면 육체적인가?

"형제들아 내가 신령한 자들을 대함과 같이 너희에게 말할
수 없어서 육신에 속한 자 곧 그리스도 안에서 어린아이들을 대함과 같
이 하노라"(고전 3:1). 고린도전서 2장에서 사도 바울은 인간의 세 가
지 영적 상태를 소개하고 있습니다. 먼저 회심하지 않은 자연인이 있습
니다. 그는 "하나님의 성령의 일들을" 받을 수 없습니다("육에 속한 사
람은 하나님의 성령의 일들을 받지 아니하나니 이는 그것들이 그에게
는 어리석게 보임이요." 고전 2:14). 다음으로 영적인 사람이 있습니
다. 그는 "영적으로 분별"할 수 있는 사람입니다("또 그는 그것들을 알
수도 없나니 그러한 일은 영적으로 분별되기 때문이라." 고전 2:14).
그리고 그 둘 사이에 그리스도 안에 있는 갓난아기라고 불리는 육신적
인 사람이 자리 잡고 있는데 시기와 분쟁 속에서 살아갑니다("너희는
아직도 육신에 속한 자로다. 너희 가운데 시기와 분쟁이 있으니 어찌
육신에 속하여 사람을 따라 행함이 아니리요." 고전 3:3). 육신적인 그
리스도인은 삶 속에 죄를 위한 여지를 남겨둔 사람입니다.

그렇지만 하나님은 우리를 일깨우시고 성령님은 우리를 영적인 사
람이 되도록 인도하십니다. 바꾸어 말하면 진정한 영적생활로 나아가
고 인도받기 위해서 하루도 거르지 않고 기도하는 사람은 죄의 능력을
벗어나게 됩니다.

예수님이 제자들에게 성령님을 약속하셨을 때 그것은 제자들이 성

령님의 인도하심과 능력에 순종할 것이라고 전적으로 기대하셨기 때문입니다. 그리고 그 조건은 그때와 마찬가지로 지금도 똑같습니다. 우리가 주저하지 않고 주님의 거룩하게 하시는 능력에 자신을 맡긴다면 성령님은 우리를 매일 새롭게 하실 것입니다. 이것이 얼마나 당연하고 복된 일인지 깨달을 수 있도록 우리가 제대로 눈을 뜰 수 있다면 얼마나 좋겠습니까!

많은 그리스도인이 성령을 구하는 기도를 합니다. 하지만 삶 가운데 특정 부분은 여전히 포기하지 않고 어느 정도는 제한을 둡니다. 그리스도인이라면 하루 전체를 위해서 성령님의 인도하심에 자신을 온전히 맡겨야 합니다. 당신이 먼저 진정으로 그런 자세를 보이면 성령님이 당신을 남김없이 소유하고 보존하고 당신의 삶을 거룩하게 하실 것입니다. 어정쩡하게 하나님을 섬기면 안 됩니다. 성령님이 깨닫게 해주셔서 하나님을 섬기는 일에 전적으로 헌신하는 삶의 가능성과 축복을 확인할 수 있도록 기도해야 합니다.

하나님의 형상을 따라

"하나님이 이르시되 우리의 형상을 따라 우리의 모양대로 우리가 사람을 만들고"(창 1:26). 여기서 우리는 하나님 마음속에 자리 잡고 있던 인간에 대한 첫 번째 생각을 만나게 됩니다. 곧 여기에 등장하는 인간의 기원과 운명은 전적으로 신성한 것으로 나타납니다. 하나님은 한 피조물을 만드는 엄청난 과업에 착수하셨는데, 하나님 자신은 아니지만 그분의 신성한 영광을 따라 그분을 매우 쏙 빼닮은 피조물이었습니다. 그래서 인간은 전적으로 하나님을 의지하여 살아가면서 신성한 존재 안에 있는 거룩하고 복된 모든 것을 하나님으로부터 직접 끊임없이 공급받아야 했습니다. 하나님의 영광, 하나님의 거룩하심, 하나님의 사랑이 인간 안에 머물러 있어야 했으며 그 모든 것이 인간을 통해 빛을 발해야 했습니다.

그런데 죄가 끔찍한 방해 공작을 펼치면서 하나님의 형상을 망쳐놓았습니다. 하지만 그 약속은 여자의 후손이 살아가는 낙원에서 다시 허락되었으며 그 후손 안에서 신성한 목적이 성취될 것이었습니다. 곧 하나님의 아들, 그러니까 "하나님의 영광의 광채시요 그 본체의 형상이시라. 그의 능력의 말씀으로 만물을 붙드시며 죄를 정결하게 하는 일을 하시고 높은 곳에 계신 지극히 크신 이의 우편에 앉으"(히 1:3)신 분께서 온 인류의 구속자가 되셔야 했습니다. 그리스도 안에서 하나님의 계획이 실행될 것이며 하나님의 형상이 인간의 모습으로 계시될 예정이었습니다.

신약성경은 "하나님이 미리 아신 자들을 또한 그 아들의 형상을 본받게 하기 위하여 미리 정하"(롬 8:29)신 자들, 그리고 "새 사람을 입었으니 이는 자기를 창조하신 이의 형상을 따라 지식에까지 새롭게 하심을 입은 자"(골 3:10)에 관하여 이야기하고 있습니다. 우리에게는 다음과 같은 약속이 허락되었습니다. "사랑하는 자들아 우리가 지금은 하나님의 자녀라. 장래에 어떻게 될지는 아직 나타나지 아니하였으나 그가 나타나시면 우리가 그와 같을 줄을 아는 것은 그의 참모습 그대로 볼 것이기 때문이니"(요일 3:2).

인간을 향한 하나님의 영원한 목적과 그것의 영속적인 실현 사이에는 여기 이 땅에서 살아가야 할 삶과 관련하여 놀라운 약속이 있습니다. "우리가 다 수건을 벗은 얼굴로 거울을 보는 것같이 주의 영광을 보매 그와 같은 형상으로 변화하여 영광에서 영광에 이르니 곧 주의 영으로 말미암음이니라"(고후 3:18). 그것은 영화롭게 되신 그리스도께 그분의 마땅한 자리를 내드리는 것입니다. 그리고 일상에서 확실하고도 가능한 이 약속을 단단히 붙잡는 것입니다. 성령께서 날마다 우리를 그와 같은 형상으로 바꿔주실 것이라는 확신 속에서 그리스도 안에 있는 하나님의 형상이라는 영광에 계속해서 우리 마음을 맞추는 것입니다.

사랑하는 성도여, 이 약속이 당신의 신앙생활에서 충분히 실현될 것이라고 확실하게 믿을 수 있을 때까지 하나님과 교제의 시간을 가져야 합니다. 자신의 형상으로 우리를 창조하신 전능하신 하나님은 이제 성령의 능력으로 말미암아 예수 그리스도의 형상으로 당신을 변화시키려는 목적을 달성하기 위하여 오늘도 기다리고 계십니다. "너희 안에 이 마음을 품으라. 곧 그리스도 예수의 마음이니"(빌 2:5). "내가 너희에게 행한 것같이 너희도 행하게 하려 하여 본을 보였노라"(요 13:15).

영으로 하나님을 섬기는 삶

"하나님의 성령으로 봉사하며 그리스도 예수로 자랑하고 육체를 신뢰하지 아니하는 우리가 곧 할례파라"(빌 3:3). 빌립보서의 내용은 기도를 준비하는 데 있어서 큰 도움이 됩니다. 이미 우리는 성령을 달라는 기도를 하면서 아버지께로 나아갔습니다. 우리는 성령님의 인도하심을 간절히 바랐습니다. 이제 우리는 자신을 내려놓는 기도를 시작해야 합니다.

먼저 우리는 기도하면서 이 세상에서 허락하신 모든 축복에 대해 하나님 아버지께 감사해야 합니다. 우리는 의존할 수밖에 없고 능력 없음을 인정하고 하나님의 사랑과 관심을 신뢰하고 있다는 사실을 고백해야 합니다. 하나님이 보고 듣고 계신다는 확신이 들 때까지 그분 앞에서 기다려야 합니다.

계속해서 주 예수님을 향해 기도하면서 늘 그분 안에 거할 수 있는 은혜를 간구해야 합니다. 주님 없이 우리는 아무것도 할 수 없기 때문입니다. 우리는 예수님을 우리 주님, 우리를 보존하시는 분, 우리 생명으로 인정하고 하루를 온전히 지켜 달라고 맡겨야 합니다. 우리는 주님의 무한하신 사랑과 실제로 우리와 함께하시는 그분의 임재를 신뢰해야 합니다.

끝으로 우리는 성령님께 기도해야 합니다. 우리는 이미 그분의 인도하심을 구하는 기도를 했습니다. 이제는 아버지와 아들에게 간구한 내용이 실제로 진전될 수 있도록 우리 믿음이 강해질 수 있기를 간구해야 합니다. 성령님은 하나님 아버지와 주 예수님의 능력과 은사를 나눠 주시는 분입니다. 우리에게 필요한 모든 은혜는 성령님이 우리 안에서 역사하신 데 따른 결과입니다.

빌립보서의 본문에 따르면 우리는 영으로 하나님을 섬기고 있습니다. 우리는 예수 그리스도 안에서 자랑하되 육체를 신뢰해서는 안 됩니다. 우리에게는 선한 일을 할 수 있는 능력이 없습니다. 우리는 예수님이 성령님을 통하여 우리 안에서 역사하시도록 신뢰해야 합니다.

이런 내용에 대해 시간을 내서 깊이 있게 묵상해야 합니다. 갈라디아서 5장 22~23절을 거듭 묵상하면서 거기에 거론된 열매들을 우리의 삶에 허락해 달라고 간구한다면 믿음의 성장에 도움이 될 것입니다. "오직 성령의 열매는 사랑과 희락과 화평과 오래 참음과 자비와 양선과 충성과 온유와 절제니 이 같은 것을 금지할 법이 없느니라." 자신을 완벽하게 내려놓는 순간, 성령님이 마음에서 역사하시는 것을 담대하게 믿음으로 받아들일 수 있습니다.

성령님을 약속하신 그리스도

"그러나 내가 너희에게 실상을 말하노니 내가 떠나가는 것이 너희에게 유익이라. 내가 떠나가지 아니하면 보혜사가 너희에게로 오시지 아니할 것이요. 가면 내가 그를 너희에게로 보내리니. ……그가 내 영광을 나타내리니 내 것을 가지고 너희에게 알리시겠음이라"(요 16:7,14). 십자가에 달리신 그리스도께서는 하늘 보좌에서 영광을 받으셔야 했습니다. 그와 같은 영광을 받으시고 나서야 그리스도께서는 제자들 심령 속으로 성령을 내려보내셔서 자신을 영화롭게 하실 것입니다. 십자가에 달리고 영광을 받으신 그리스도의 성령은 그분과 교제를 나누는 가운데 제자들의 생명과 그리스도를 섬길 수 있는 능력을 부어 주실 것입니다. 성령은 신성한 영광의 성령으로 우리에게 임하십니다. 우리는 성령님을 환영해야 하며 성령님의 인도하심에 우리 자신을 절대적으로 내드려야 합니다.

그렇습니다. 모든 것, 곧 하나님의 깊은 것까지도 통달하시는 성령, 신적인 존재의 본원으로 거하시는 성령, 그분의 사심과 십자가상에서 죽으심을 통하여 그리스도와 동행하셨던 성령, 곧 성부와 성자께서 보내신 바로 이 성령님은 제자들 가운데 오셔서 함께 머물러 계셔야 했으며, 제자들이 영광 받으신 그리스도의 임재를 의식적으로 누리도록 도와주셔야 했습니다.

사랑에 순종할 수 있게 하는 삶이 제자들의 능력이 되도록 하셨던 분, 자기들에게 필요한 축복이 하늘에서 내려오도록 기도하는 가운데 제자들의 스승과 인도자가 되셨던 분이 바로 이처럼 복된 성령님이셨습니다. 제자들이 하나님의 대적들을 정복하고 온 세상 끝까지 복음을 전할 수 있었던 것도 바로 이 성령님의 능력 안에서였습니다.

하지만 지금, 너무나 슬프게도 교회에 부족한 것이 바로 이 성령이십니다. 너무나 끊임없이 교회가 슬프게 만드는 분도 바로 이 성령이십니다. 교회의 사역이 너무나 빈약하고 열매 없는 모습을 흔히 보이는 것도 이처럼 영적으로 빈곤한 탓입니다.

성령님은 하나님이십니다. 하나님이신 성령님은 우리 전 존재를 소유하겠다고 말씀하고 계십니다. 우리는 성령님에 대하여 그리스도인의 삶에서 우리를 도와주시는 분이라고 생각하면서도, 우리의 마음과 생각이 전적으로 성령님의 다스림 아래 있어야 한다는 사실을 종종 알지 못합니다. 실제로 우리는 날마다, 매 순간 성령님의 인도하심을 받아야 합니다. 성령님의 능력을 통해 우리는 계속해서 예수님의 사랑과 교제 안에 머물러 있어야 합니다.

계명을 지키는 사랑 안에서 항상 그리스도의 사랑 안에 거할 수 있다는 이 엄청난 약속을 우리가 지금까지 제대로 믿지 않았다는 것은 그다지 놀랄 만한 일이 아닙니다! 그리스도의 강한 능력이 우리 안에서, 우리를 통하여 역사하실 것이라고 믿을 만한 용기가 우리에게 없었다는 사실 또한 전혀 놀랄 만한 일이 아닙니다! 그분의 신성한 기도의 약속이 우리의 능력 범위를 훨씬 뛰어넘는다는 사실도 전혀 놀랄 만한 일이 아닙니다! "모든 것 곧 하나님의 깊은 것까지도 통달"(고전 2:10)하시는 성령님은 우리 존재의 아주 깊숙한 것을 요구하시면서, 결과적으로 바로 거기에다 그리스도를 주님과 통치자로 계시하실 수 있기를 원하십니다.

이 약속이 우리의 삶 가운데 성취되기를 기다리고 계십니다. "그가 내 영광을 나타내리니 내 것을 가지고 너희에게 알리시겠음이라"(요 16:14). 지금 당장 온 마음을 다하여 이 약속을 믿도록 자신을 내드려야 합니다. 그리스도께서는 이 약속을 실현하기를 기다리고 계십니다.

능력이 지극히 크신 분

"내가 기도할 때에 기억하며 너희로 말미암아 감사하기를 그치지 아니하고 우리 주 예수 그리스도의 하나님, 영광의 아버지께서 지혜와 계시의 영을 너희에게 주사 하나님을 알게 하시고 너희 마음의 눈을 밝히사 그의 부르심의 소망이 무엇이며 성도 안에서 그 기업의 영광의 풍성함이 무엇이며 그의 힘의 위력으로 역사하심을 따라 믿는 우리에게 베푸신 능력의 지극히 크심이 어떠한 것을 너희로 알게 하시기를 구하노라. 그의 능력이 그리스도 안에서 역사하사 죽은 자들 가운데서 다시 살리시고"(엡 1:16-20).

우리 믿음을 크고 강하며 담대하게 만들어 줄 만한 엄청난 성경 말씀 가운데 하나가 바로 여기에 있습니다. 사도 바울은 성령께 택한 받은 사람들에게 편지를 쓰고 있었습니다. 그래서 바울은 그 사람들이 성령님에 대하여 밝히 깨달아 그 안에서 일하고 계시는 하나님의 강한 능력을 제대로 알 수 있도록 끊임없이 기도해야 할 필요성을 느꼈습니다.

하나님이 그리스도를 죽음에서 일으키신 것도 바로 이와 같은 능력, 곧 그분의 강한 힘에서 비롯되었습니다.

그리스도께서는 온 세상의 죄와 저주를 짊어지고 나무에 달려 돌아가셨습니다. 그리스도께서 무덤으로 들어가셨을 때 겉으로 보기에는 그분을 완전히 지배한 것 같았던 모든 죄의 무게와 죽음의 권세 아래로 들어가신 것처럼 보였습니다. 그러나 하나님은 그 인자를 무덤에서 일으키셨습니다. 그리고 하나님의 보좌로부터 흘러나오는 권능과 영광으로 인도하셨습니다. 이것이야말로 하나님이 얼마나 크신 능력의 원천인지 말해줍니다.

그런데 이제 우리가 성령님의 가르치심으로 말미암아 그분이 우리의 삶 가운데 날마다 일하고 계신다는 사실을 알게 되는 것은 "믿는 우리에게 베푸신 능력의 지극히 크심" 안에 있는 그와 같은 능력입니다. "나는 여호와요 모든 육체의 하나님이라. 내게 할 수 없는 일이 있겠느냐"(렘 32:27)라고 아브라함에게 말씀하신 하나님이 아브라함뿐만 아니라 예수 그리스도 안에서 행하신 일을 이제 우리 마음속에서 매 순간 행하신다고, 우리가 그분을 신뢰하는 법을 배우기만 한다면 그 일을 완성하겠다고 보증하십니다.

다시 살아나셔서 높임을 받으신 그리스도께서 우리의 생명과 힘으로써 우리 마음속에 그분 자신을 계시하실 수 있는 것은 바로 이와 같은 전능하신 능력 때문입니다. 얼마나 많은 그리스도인이 이것을 믿지 못하고 있습니까! 오, 우리 주 하나님께 부르짖으십시오. 우리 안에서 역사하시는 이와 같은 부활의 능력이 "지극히 크심"을 우리가 성령님께 요청할 수 있도록 도와주시는 하나님을 신뢰하도록 하십시오.

우리 주변의 모든 성도와 온 교회를 위하여 특별히 기도하여, 그 사람들이 자신 안에서 역사하시는 하나님의 전능하신 부활의 능력을 보는 놀라운 비전에 대해 눈을 뜰 수 있도록 간구하십시오. 그리고 이처럼 바울과 같은 사역자들이 수고하며 섬기는 사람들을 위하여 지속해서 중보하는 문제를 중요하게 인식하도록 만드십시오. 그것이 이 사람들의 사역에 얼마나 커다란 차이를 나타내겠습니까! 성령님이 계속 자신에게 머물러 있으면서 역사하는 그와 같은 능력을 계시해달라고 쉬지 말고 기도하십시오.

성령님 안에서 누리는 즐거움

"하나님의 나라는 먹는 것과 마시는 것이 아니요 오직 성령 안에 있는 의와 평강과 희락이라. …소망의 하나님이 모든 기쁨과 평강을 믿음 안에서 너희에게 충만하게 하사 성령의 능력으로 소망이 넘치게 하시기를 원하노라"(롬 14:17, 15:13).

어느 그리스도인이 회심하고 난 직후에 이런 말을 건넸습니다. "나는 신앙을 갖게 되면 세상일을 할 수 없다고 줄곧 생각했습니다. 두 가지가 상반되는 것 같았습니다. 나는 어깨에 모래주머니를 메고 포도원에서 땅을 파는 사람이 된 것 같은 기분이었습니다. 하지만 주님을 만나게 되자 매우 기뻐서 아침부터 밤늦게까지 즐겁게 일할 수 있었습니다. 모래주머니는 사라지고 주님이 주신 기쁨이 내가 일하는 데 늘 힘이 되었습니다."

이 말은 정말 중요한 교훈입니다. 적지 않은 그리스도인들이 주님의 기쁨을 통해서 보호받고 일할 수 있는 능력을 갖추게 된다는 사실을 제대로 알지 못합니다. 심지어 노예라 하더라도 그리스도의 사랑이 충만해지면 그분이 주신 행복한 마음을 증거할 수 있습니다.

여기에 소개된 두 개의 성경 구절을 묵상하면서 하나님의 나라가 성령님을 통해서 어떻게 순수한 기쁨과 평안이 될 수 있는지, 하나님이 "성령의 능력으로… 모든 기쁨과 평강을… 충만하게" 하시는지 살펴보아야 합니다. 그런 뒤에는 성령님이 우리 마음에 그리스도의 이 즐거움과 평안을 허락하신다는 사실을 확인하려고 노력해야 합니다. 대개는 '성령님' 하면 슬픔과 자책, 기대와 실망을 느끼거나 너무 귀하고 거룩해서 가까이할 수 없다고 생각합니다. 그리스도의 기쁨과 평안으로 우리를 지키시는 아버지의 놀라운 선물이 자책과 염려라는 문제가 되어야 한다면 이 얼마나 어리석은 일입니까!

그러므로 우리는 갈라디아서 5장 22~23절 말씀을 기억해야 합니다. "오직 성령의 열매는 사랑과 희락과 화평과 오래 참음과 자비와 양선과 충성과 온유와 절제니." 그리고 매일 성령님의 음성에 조심스럽게 귀를 기울여야 합니다. 성령님은 우리를 이 놀라운 열매("내 사랑,

내 기쁨, 내 평안")를 맺게 하시는 예수 그리스도께로 인도하십니다. "예수를 너희가 보지 못하였으나 사랑하는도다. 이제도 보지 못하나 믿고 말할 수 없는 영광스러운 즐거움으로 기뻐하니"(벧전 1:8). 성령님이 주님의 기쁨으로 당신을 인도하신다는 사실을 굳게 믿으면서 더할 수 없이 겸손한 모습으로 그분께 기도해야 합니다.

하나님의 마음을 채우시는 성령님

"이는 하늘이 땅보다 높음같이 내 길은 너희의 길보다 높으며 내 생각은 너희의 생각보다 높음이니라"(사 55:9). 하나님이 우리 안에서 행하실 일에 대해 약속하시면서 다음과 같은 사실을 우리에게 상기시켜 주십니다. 하늘이 땅보다 높음같이 하나님의 생각은 우리 생각보다 높으며 이 모든 것은 우리의 영적인 이해력을 훨씬 뛰어넘는다고 말입니다.

하나님께서 우리가 그분의 형상으로 지음받았다고 말씀하셨을 때, 은혜로 말미암아 우리가 사실상 그 형상으로 다시 새로워졌다고 말씀하셨을 때, 그리스도 안에서 하나님의 영광을 바라보면서 우리가 주님의 성령으로 말미암아 그와 같은 형상으로 변화되었다고 말씀하셨을 때 사실상 이와 같은 것들은 하늘보다 더 높은 생각이었습니다. 하나님이 아브라함과 그 후손들에게, 그리고 아브라함을 통하여 이 땅의 모든 족속에게 행하실 온갖 강력한 일에 대해 말씀하셨을 때 다시 한번 이것은 하늘보다 더 높은 생각이었습니다.

우리 인간의 생각을 여기에 끼워 넣을 수는 없습니다. 하나님이 온 마음을 다하여 그분을 사랑하라고 부르셔서 우리 마음을 새롭게 하겠다고 약속하심으로써 우리가 온 힘을 다하여 그분을 사랑하도록 하셨을 때 여기에는 다시 한번 그 높은 천국보다 더 높은 생각이 자리 잡고 있었습니다. 그리고 하나님 아버지께서 우리를 부르셔서 주의 얼굴빛 안에서 다니며 온종일 주의 이름 안에서 즐거워하는 삶을 살도록 하셨을 때 이것은 사랑이신 하나님의 심장 깊숙한 곳에서 나오는 선물이었습니다.

이러한 생각을 편안하게 느낄 수 있도록 우리의 마음에 생명과 빛을 불어넣으시는 성령으로 말미암아 우리가 하나님을 기다리고 있는 동안 우리는 깊은 존경심, 겸손, 그리고 인내심을 가져야 합니다. 만약 하나님의 마음속으로 들어가려고 하면서 그분의 생각이 우리 안을 거처로 삼도록 하려면 우리는 하나님과 날마다 부드럽고 지속적인 교제를 나눌 필요가 있습니다. 그럴 때 하나님은 이러한 생각의 아름다움과 영광을 계시하실 것입니다. 그뿐만 아니라 우리 안에서 너무나 강력하게 역사하셔서 그러한 생각의 신성한 실재와 축복으로 우리 내면을 가득 채우실 것입니다.

사도 바울이 인용하는 것처럼 이사야 선지자가 한 말씀을 다시 한번 생각해보십시오. "하나님이 자기를 사랑하는 자들을 위하여 예비하신 모든 것은 눈으로 보지 못하고 귀로 듣지 못하고 사람의 마음으로 생각하지도 못하였다 함과 같으니라. 오직 하나님이 성령으로 이것을 우리에게 보이셨으니 성령은 모든 것 곧 하나님의 깊은 것까지도 통달하시느니라"(고전 2:9-10).

성령님이 제자들과 함께 거하시기 위하여 하늘에서 임하실 것이라고 그리스도께서 제자들에게 약속하셨을 때 그리스도께서는 성령님이 하늘 세계의 빛과 생명으로 우리를 충만하게 하실 것이라고 말씀하셨습니다. 이와 마찬가지로 온 땅보다 높은, 하늘보다 훨씬 더 높은 그리스도와 하나님의 목적은 제자들에게 영속적인 경험을 제공하였습니다. 그러므로 성령께서 날마다 천상의 온갖 권능과 영광 안에서 하나님의 생각으로 우리의 마음을 채워주실 것이라는 사실을 깨닫기 위하여 우리는 부단히 노력해야 합니다.

기도는 영적 능력의
통로이다

10분이면 충분한 기도

"너희가 나와 함께 한 시간도 이렇게 깨어 있을 수 없더냐"(마 26:40). 기도하고 싶은 사람은 이렇게 말할 수도 있습니다. "10분이면 모두 끝날 것 같군요." 그것으로도 아주 충분합니다. 늘 그 정도의 시간을 가질 수 있다면 그때 무엇을 할 수 있는지 생각해 보십시오. 사람들은 대개 더 많은 시간을 낼 수 있습니다. 기도하기로 결심하고 날마다 꾸준히 반복하면 자연스러워질 것입니다.

그리스도인이라고 하면서 하나님이나 그분의 말씀과 더불어서 15분, 혹은 30분을 보낼 수 없다고 말하는 것은 정말 슬픈 일입니다. 하지만 친구가 찾아오거나 중요한 모임이 있거나, 아니면 자신에게 도움이 되거나 즐거운 일이 있을 때는 힘들이지 않고서 넉넉하게 시간을 낼 수 있습니다. 그러나 하나님, 위대하신 하나님은 놀라운 사랑 때문에 누구나 함께 시간을 보내면서 능력과 은혜가 전해질 수 있기를 갈망하시지만 그분과 교제하려고 시간을 내지는 않습니다. 능력을 충분히 받기 위해서 기도시간을 충분히 갖는 것을 특권으로 간주해야 할 하나님의 종들까지 자기 일에 지나치게 몰두하다가 아주 중요한 일, 즉 하늘로부터 능력을 전달받으려고 대기하는 시간을 제대로 갖지 못합니다.

사랑하는 하나님의 자녀는 절대 "하나님과 교제할 시간이 없다"라고 말하면 안 됩니다. 하루 가운데 가장 중요하고 가장 복되며 가장 도움이 되는 순간이 홀로 하나님과 보내는 시간이라는 성령님의 교훈을 따라야 합니다.

주 예수님께 기도하십시오. 그분은 지상에서 기도의 중요성을 절감하셨습니다. 성령님께 기도하십시오. 그분은 이 거룩한 진리를 우리에게 일깨워주십니다. 말씀과 기도를 통한 하나님과의 교제는 반드시 먹고 마셔야 하는 밥과 공기처럼 당신과 불가분의 관계에 있습니다. 해야 할 일이 남아 있더라도 하나님은 당신에게 시간을 요구하실 수 있는 일차적이고 최우선적인 권리를 갖고 계십니다. 그래야만 하나님의 뜻에 완벽하게, 제한 없이 내려놓을 수 있습니다.

골방에서 기다리시는 하나님

"너는 기도할 때에 네 골방에 들어가 문을 닫고 은밀한 중에 계신 네 아버지께 기도하라"(마 6:6). 누구든지 매일 어느 때나 하나님을 골방에서 만나고 털어놓는 말에 귀 기울여 달라고 요구할 자유가 있다는 게 얼마나 놀라운 특권인지 생각해 본 적이 있으신지요? 그리스도인이라면 누구나 그런 특권을 즐겁게, 그리고 충실하게 활용할 수 있다는 것을 염두에 두어야 합니다.

예수님이 말씀하십니다. "너는 기도할 때에 네 골방에 들어가 문을 닫고 은밀한 중에 계신 네 아버지께 기도하라." 여기에는 두 가지 뜻이 포함되어 있습니다. 세상과 단절한 채 세상의 모든 생각과 일을 멀리하고 홀로 하나님과 지내면서 은밀하게 그분께 기도하라는 것입니다. 하늘 아버지의 임재를 의식하는 것을 기도의 최우선 제목으로 삼아야 합니다. 홀로 하나님과 지내는 것이 믿음의 표어가 되어야 합니다.

이것은 시작에 지나지 않습니다. 우리는 하나님이 나와 함께하심을 의식할 수 있는 시간을 가져야 합니다. 우리가 얼마나 하나님의 도움과 인도하심을 기대하고 있는지 하나님이 아시고 귀 기울이신다는 확신을 하고 은밀히 지켜보시는 아버지께 기도해야 합니다.

계속해서 위대한 언약이 뒤따릅니다. "은밀한 중에 보시는 네 아버지께서 갚으시리라." 아버지께서는 기도가 헛되게 하시지 않습니다. 일 때문에 온종일 분주하더라도 기도에 응답하실 것입니다. 은밀한 기도는 하나님이 마음속에 은밀하게 역사하시게 할 것입니다.

예수님이 임재를 약속하시고 골방에 들어가는 길을 보여 주셨으니 기도를 가르쳐 주시기 위해서 분명히 우리와 함께하실 것입니다. 우리는 예수님을 통해서 아버지께 나아갈 수 있습니다. 어린아이처럼 신뢰하면서 그리스도와 교제해야 합니다. 죄는 무엇이든지 고백하고 어떤 필요든지 말씀드려야 합니다. 예수 그리스도의 이름으로 하나님 아버지께 기도해야 합니다. 예수님과 교제하는 기도는 헛될 수 없습니다.

하나님을 향한 거룩한 갈망

"내 영혼이 하나님 곧 살아 계시는 하나님을 갈망하나니 내가 어느 때에 나아가서 하나님의 얼굴을 뵈올까"(시 42:2). 당신은 이렇게 질문할 수 있습니다. "기도와 중보기도가 커다란 즐거움과 기쁨이 되지 못하는 이유는 무엇일까요? 그리고 우리가 하나님과의 사귐을 더할 수 없는 즐거움으로 삼을 수 있고, 중보기도를 하는 사람으로서 우리가 중보하는 대상들에게 하나님의 능력과 축복이 임하게 하는 방법이 존재할까요?"

이 질문에는 몇 가지 대답이 있을 수 있습니다. 하지만 핵심을 찌르는 대답은 당연히 이렇습니다. 즉 우리가 하나님을 잘 모른다는 사실입니다. 우리는 기도하면서도 그분의 임재를 기다리는 것을 일차적인 목표로 삼지 않습니다. 대개 우리는 우리 자신이나 자신의 필요, 그리고 연약함과 소원 등에 관한 기도를 중시합니다. 그러면서 기도할 때마다 하나님이 우선이고 모든 것이 되어야 한다는 사실을 잊어버립니다.

그러나 우리가 하나님을 찾고 그분을 만나고 그분의 임재를 기다리고 그분의 거룩한 임재가 우리에게 달려 있다고 확신한다면, 하나님은 우리가 하는 말을 실제로 들으시고 우리 안에서 역사하실 것입니다. 아버지와 자녀가 사랑의 관계를 유지하듯 우리가 기도를 자연스럽고 쉽게 대하는 방법은 이것 이외에는 없습니다.

그렇다면 하나님과의 교제를 이렇게 친숙하게 하는 방법은 무엇일까요? 대답은 간단합니다. 우리는 하나님이 우리에게 자신을 알려주실 수 있도록 시간을 드려야 합니다. 우리가 하나님께 간구하며 다가선다면 하나님은 우리의 기도에 귀를 기울이시고 우리에게 자신을 드러내실 것입니다. 하지만 우리가 하나님과의 교제시간을 사모하지 않는다면 이것은 절대 우리 것이 될 수 없으며, 결코 깨달을 수 없는 진리로 남아 있게 될 것입니다.

기도는 말을 많이 하거나 간절하다고 해서 능력을 발휘하는 것이 아닙니다. 오히려 하나님이 직접 우리와 우리의 기도를 사랑스러운 품으로 안아주신다는 사실을 진정으로 믿을 때 그런 일이 가능합니다. 하나님은 자신이 정한 때에 기도를 들어주신다는 확신을 직접 허락하실 것입니다.

내가 이 글을 쓰는 목적은 그 방법을 깨닫도록 당신을 돕고, 그렇게 해서 무슨 기도를 하든지 간에 하나님을 만날 수 있도록 돕는 데 있습니다. 당신이 진심으로 하나님께 경배할 수 있도록 성경 본문을 제공하고 그것을 생생하게 진정으로 경험하도록 하는 것입니다.

지금 이 시간에 이 말씀을 묵상해 보십시오. "여호와여 나의 영혼이 주를 우러러보나이다"(시 25:1). 그리고 조용히 무릎 꿇고 하나님의 임재를 갈망하는 기도를 드려보십시오. "내 영혼이 하나님 곧 살아계시는 하나님을 갈망하나니 내가 어느 때에 나아가서 하나님의 얼굴을 뵈올까"(시 42:2).

하루도 거르지 않는 열정

"내가 날마다 주를 송축하며 영원히 주의 이름을 송축하리이다"(시 145:2). 당신이 하루도 거르지 않고 말씀을 통해서 하나님과 교제를 나누기로 확실하게 결론을 내렸다면 그것은 그리스도인의 생활에 한 걸음 진전이 있는 것입니다. 정말 진지하게 시도한다면 당신의 인내는 마침내 성공을 거두게 될 것입니다. 당신은 정도의 차이는 있겠지만 다음과 같은 일을 겪을 것입니다.

아침에 잠에서 깨면 제일 먼저 하나님이 떠오릅니다. 기도시간을 따로 가지고 당신이 간구하는 내용을 하나님께서 들으시고 직접 계시하실 수 있는 여유를 드리기로 결심합니다. 이어서 바라는 것을 하나님께 모두 말씀드리고 나서 응답을 기다립니다.

나중에 낮에는 하나님과 교제하려고 단 몇 분이라도 할애합니다. 그리고 저녁에는 하루의 일과를 돌아보면서 죄를 고백하고 용서의 확신을 얻는 것을 거르지 않고, 이어서 하나님과 그분을 섬기는 일에 새롭게 헌신하는 경건의 시간을 갖습니다.

이런 삶을 사는 사람은 자기 삶에서 부족한 것을 점차 깨닫게 되고 "날마다는 물론이고 온종일"이라고 말할 수 있는 준비를 갖추게 됩니다. 그는 쉬지 않고 숨을 쉬는 것처럼 성령님이 늘 자신 안에 거하신다는 사실을 깨닫게 됩니다. 하나님이 온종일 자신과 함께하신다는 확신을 갖는 것을 진심으로 자신의 목표로 삼게 됩니다. 온종일 그래야 합니다! 성령님은 말씀하십니다. "보라. 지금은 구원의 날이로다!"

중요한 수술을 받은 어떤 사람이 의사에게 물었습니다.

"얼마나 누워서 지내야 할까요?"

그러자 의사가 웃으면서 대답했습니다.

"단지 하루하루씩만 그렇게 지내면 됩니다."

이것이 바로 그리스도인의 법칙입니다. 하나님은 날마다 만나를 주셨고 아침저녁으로 제단에 제물을 바치라고 말씀하셨습니다. 하나님은 이것을 통해서 하루하루 살아가야 한다는 것을 자녀들에게 보여주신 것입니다.

하루를 살아가면서 변함없이 성령님의 인도하심을 구해야 합니다. 내일을 염려할 필요는 없습니다. 오늘까지 인도하신 하나님이 내일은 더 가깝게 인도하신다는 사실을 확신하면서 휴식을 취하면 됩니다.

기도하기 전에 먼저 믿음을

　"두려워하지 말고 믿기만 하라"(막 5:36). 우리에게 가장 중요한 교훈 가운데 하나가 여기에 있습니다. 홀로 골방에 들어가 있을 때 우리는 간절하게 탄원을 올려드리면서 하나님의 사랑과 예수 그리스도의 권능을 절대적으로 신뢰해야 합니다. 먼저 자신에게 이런 질문을 던지는 시간을 가져야 합니다. "과연 내 마음은 하나님의 사랑에 대해 흔들리지 않는 커다란 믿음으로 충만해져 있는가?" 만약 그렇지 않다면 지금 곧바로 기도를 시작하지 마십시오. 믿음은 저절로 생기지 않습니다.

　하나님이 친히 거짓말하는 게 얼마나 불가능한 일인지 곰곰이 생각해 보십시오. 하나님은 무한한 사랑으로 당신에게 축복을 베푸실 준비가 되어 있습니다. "여호와께서 자기 백성에게 힘을 주심이여 여호와께서 자기 백성에게 평강의 복을 주시리로다"(시 29:11). 하나님의 권능, 신실하심, 사랑에 대해 계시하시는 몇몇 성경 구절을 골라보십시오. 그 말씀들을 붙잡고서 이렇게 말씀드리십시오. "예, 주님! 이제부터 저는 주님과 주님의 커다란 사랑을 확실하게 믿으면서 기도하겠습니다."

믿음이라는 단어를 죄에 대한 용서와 하나님의 자녀로서 우리가 받아들여지는 일에만 제한하는 것은 엄청난 실수입니다. 믿음에는 이보다 훨씬 더 많은 영역이 포함되어 있습니다. 우리는 하나님께서 기꺼이 우리를 위하여 행하시는 모든 것에 대한 믿음을 가져야 합니다. 또한 우리의 특별한 필요에 대해 날마다 믿음을 보여주어야 합니다. 하나님은 무한히 크고 강하신 분이며 그리스도께서는 날마다 너무나 크고 새로운 은혜를 부어 주시기에, 우리는 그날의 필요에 따라 날마다 순간마다 믿음을 새롭게 하려고 노력해야 합니다.

골방으로 들어가서, 기도를 시작하기 전에 자기 자신에게 이렇게 물어보십시오. "과연 나는 하나님이 지금 여기에 나와 함께하신다는 사실과 성령께서 내 기도를 도와주신다는 사실을 정말로 믿고 있는가? 과연 나는 하나님과 교통하면서 축복된 시간을 보낼 수 있다고 확실히 믿고 있는가?"

예수님은 종종 그분의 제자들에게 믿음이 진정한 기도에 얼마나 필수불가결한 요소인지 가르쳐 주셨습니다. 예수님은 당신에게도 이 교훈을 가르쳐 주실 것입니다. 예수님과 나누는 교제에 계속 머물러 있으십시오. 그리고 예수님의 전능하신 능력을 믿는 믿음을 강하게 해달라고 끈질기게 간구하십시오. 그리스도께서 마르다에게 말씀하셨던 것처럼 당신과 나에게도 말씀하실 것입니다. "네가 믿으면 하나님의 영광을 보리라 하지 아니하였느냐"(요 11:40).

보이지 않아도 끈질기게

"항상 기도하고 낙심하지 말아야 할 것"(눅 18:1). "소망 중에 즐거워하며 환난 중에 참으며 기도에 항상 힘쓰며"(롬 12:12). "항상 기뻐하라. 쉬지 말고 기도하라. 범사에 감사하라"(살전 5:16-18). 기도생활을 가로막는 장애물 가운데 하나는 기대하는 만큼 신속하게 응답이 이루어지지 않는다는 점입니다. 그래서 우리는 '아마도 내가 잘못 기도하고 있나 봐'라고 생각하면서 실망한 나머지 결과적으로 끈질기게 기도하지 못합니다. 이것이 바로 우리 주님이 끊임없이 가르치신 교훈입니다. 만약 이 문제를 좀 더 심층적으로 들여다본다면 그와 같은 지체에는 어떤 이유가 있는지 깨닫게 될 것이며, 오히려 그와 같은 기다림이 우리 영혼에 축복을 가져올 수 있다는 사실을 알게 될 것입니다. 기도 응답을 받기 위하여 21일 동안이나 기다렸던 다니엘을 기억해 보십시오.

"바사 왕 고레스 제삼 년에 한 일이 벨드사살이라 이름한 다니엘에게 나타났는데 그 일이 참되니 곧 큰 전쟁에 관한 것이라. 다니엘이 그 일을 분명히 알았고 그 환상을 깨달으니라. 그때에 나 다니엘이 세 이레 동안을 슬퍼하며 세 이레가 차기까지 좋은 떡을 먹지 아니하며 고기와 포도주를 입에 대지 아니하며 또 기름을 바르지 아니하니라. 첫째 달 이십사일에 내가 힛데겔이라 하는 큰 강 가에 있었는데 그때에 내가 눈을 들어 바라본즉 한 사람이 세마포 옷을 입었고 허리에는 우바스 순금 띠를 띠었더라. 또 그의 몸은 황옥 같고 그의 얼굴은 번갯빛 같고 그의 눈은 횃불 같고 그의 팔과 발은 빛난 놋과 같고 그의 말소리는 무리의 소리와 같더라. 이 환상을 나 다니엘이 홀로 보았고 나와 함께 한 사람들은 이 환상은 보지 못하였어도 그들이 크게 떨며 도망하여 숨었느니라. 그러므로 나만 홀로 있어서 이 큰 환상을 볼 때에 내 몸에 힘이 빠졌고 나의 아름다운 빛이 변하여 썩은 듯하였고 나의 힘이 다 없어졌으나 내가 그의 음성을 들었는데 그의 음성을 들을 때에 내가 얼굴을 땅에 대고 깊이 잠들었느니라. 한 손이 있어 나를 어루만지기로 내가 떨었더니 그가 내 무릎과 손바닥이 땅에 닿게 일으키고 내게 이르되 큰 은총을 받은 사람 다니엘아 내가 네게 이르는 말을 깨닫고 일어서라. 내가 네게 보내심을 받았느니라 하더라. 그가 내게 이 말을 한 후에 내가 떨며 일어서니 그가 내게 이르되 다니엘아 두려워하지 말라. 네가 깨달으려 하여 네 하나님 앞에 스스로 겸비하게 하기로 결심하던 첫날부터 네 말이 응답 받았으므로 내가 네 말로 말미암아 왔느니라. 그런데 바사 왕국의 군주가 이십일 일 동안 나를 막았으므로 내가 거기 바사 왕국의 왕들과 함께 머물러 있더니 가장 높은 군주 중 하나인 미가엘이 와서 나를 도와주므로 이제 내가 마지막 날에 네 백성이 당할 일을 네게 깨닫게 하러 왔노라. 이는 이 환상이 오랜 후의 일임이라 하더라. 그가 이런 말로 내게 이를 때에 내가 곧 얼굴을 땅에 향하고 말문이 막혔더니"(단 10:1-15).

우리는 기도하면서 점점 더 깊고 강하게 성장하기를 갈망해야 하며 온 마음을 다하여 간구해야 합니다. 하나님은 우리를 끈질긴 기도학교로 들여보내셔서 연약한 믿음이 강해질 수 있도록 인도하십니다. 그러므로 끈질기게 기도하면서 응답을 지연하시는 데는 커다란 축복이 숨어 있다는 사실을 믿어야 합니다.

다른 무엇보다 하나님은 그분 자신과의 더욱 친밀한 교제로 우리를 인도하길 원하십니다. 우리의 기도가 응답 되지 않을 때 우리는 자신의 간구에 대한 응답보다 하나님과 나누는 교제, 친밀함, 하나님의 사랑이 우리에게 더욱 절실하다고 인식하는 법을 배우게 되며, 그리하여 계속해서 기도할 수밖에 없게 됩니다. 기도 응답이 지체됨으로써 야곱이 얼마나 놀라운 축복을 받았습니까! 야곱은 하나님의 얼굴을 직접 대면하여 보았고 족장으로서 하나님과 겨룰 만한 힘을 얻게 되었으며, 결국에는 하나님을 설복시켰습니다. "그가 이르되 네 이름을 다시는 야곱이라 부를 것이 아니요 이스라엘이라 부를 것이니 이는 네가 하나님과 및 사람들과 겨루어 이겼음이니라"(창 32:28).

그리스도인들이여, 이와 같은 경고에 귀 기울여야 합니다. 제때 응답받지 못한다고 해서 인내심을 잃거나 실망하지 마십시오. 오히려 계속해서 기도하십시오. "쉬지 말고 기도하라." 그렇게 함으로써 이루 다 말할 수 없는 축복을 누리게 될 것입니다. 그러면서 점차 당신의 기도가 하나님의 뜻과 하나님의 말씀에 얼마나 부합하는지 스스로 돌아보게 될 것입니다. 지속해서 기도하십시오. 그러면 당신은 기도 응답을 지체하시는 게 하나님이 당신에게 허락하실 수 있는 소중한 은혜의 수

단 가운데 하나임을 배우게 될 것입니다. 또한 당신은 하나님의 약속이 이루어지도록 끈질기게 간청하는 사람은 기도하는 과정에서 하나님과 더불어 가장 커다란 능력을 소유하게 된다는 놀라운 사실을 배우게 될 것입니다.

약속의 성취는 기도에 의존한다

"너는 내게 부르짖으라. 내가 네게 응답하겠고 네가 알지 못하는 크고 은밀한 일을 네게 보이리라"(렘 33:3). "나 여호와가 말하였으니 이루리라. 주 여호와께서 이같이 말씀하셨느니라. 그래도 이스라엘 족속이 이같이 자기들에게 이루어주기를 내게 구하여야 할지라"(겔 36:36-37). 예레미야의 기도에 대한 응답으로 하나님은 이렇게 말씀하셨습니다. "내가 그들에게 복을 주기 위하여 그들을 떠나지 아니하리라 하는 영원한 언약을 그들에게 세우고 나를 경외함을 그들의 마음에 두어 나를 떠나지 않게 하고"(렘 32:40). 그리고 에스겔에게는 이렇게 말씀하셨습니다. "또 내 영을 너희 속에 두어 너희로 내 율례를 행하게 하리니 너희가 내 규례를 지켜 행할지라"(겔 36:27).

우리는 인간적인 생각과 경험에 따라 하나님 말씀을 제대로 믿지도 못하면서 그 의미를 섣불리 판단하려 합니다. 그래서 이러한 약속이 실제로 성취된다는 사실에 대해 아무런 기대를 하지 못합니다. 우리는 하나님이 그러한 약속이 문자 그대로 이루어진다는 뜻으로 말씀하셨다는 사실을 제대로 믿지 못합니다. 우리의 경험 속에는 약속을 실현하기 위하여 기다리고 계시는 하나님의 강하신 능력을 신뢰하는 믿음이 없기 때문입니다.

그래서 하나님은 그러한 믿음이 없다면 우리의 삶은 굉장히 불완전하고 제한적일 수밖에 없다고 말씀하셨습니다. 그럼에도 하나님은 은혜로우셔서 그러한 믿음을 발견하는 길을 제시해 주셨습니다. 그것은 많은 기도를 통해 발견하는 길입니다. "너는 내게 부르짖으라. 내가 네게 응답하겠고 네가 알지 못하는 크고 은밀한 일을 네게 보이리라." 더욱이 "이스라엘 족속이 이같이 자기들에게 이루어주기를 내게 구하여야 할지라." 각 사람이 이러한 약속을 이루어 달라고 간구하기 위하여 온 마음을 다해 하나님께로 나아갈 때 하나님은 그 약속을 성취해 주실 것입니다.

하나님을 단단히 붙잡기 위하여 믿음이 더 강해지고 하나님의 전능하신 일 하심에 스스로 순복하게 되는 것은 강력하고 끈덕진 기도훈련을 통해서입니다. 그런 훈련을 통해 하나님이 행하신 일과 행하실 일에 대하여 서로 증거할 수 있을 때 성도들은 서로 도와주면서 살아계신 하나님의 교회로서 제자리를 찾아가게 됩니다. 그런 가운데 상당히 많은 부분에서 하나님의 약속이 성취되도록 간구하면서 확실한 응답을 기대하게 됩니다. 그러면 멸망하는 영혼에게 그리스도를 전파하는 엄청난 일을 충분히 감당할 수 있는 능력이 우리에게 임하게 됩니다.

교회, 교인, 사역자들의 상태와 우리 자신이 처해 있는 마음 상태는 끊임없는 기도를 요청합니다. 성령님의 능력이 절실히 필요하다고 강하게 느낄 수 있도록, 그리고 하나님의 강력한 일 하심을 요청하기 위해 수많은 사람의 마음속에서 강력한 믿음이 일어날 수 있도록 우리는 강력하고 끈기 있게 쉬지 말고 기도해야 합니다. "나 여호와가 말하였으니 내가 이루리라"(겔 22:14). "내가 믿나이다. 나의 믿음 없는 것을 도와주소서"(막 9:24).

기도와 금식 외에 다른 것으로는

"이르시되 너희 믿음이 작은 까닭이니라. 진실로 너희에게 이르노니 만일 너희에게 믿음이 겨자씨 한 알 만큼만 있어도 이 산을 명하여 여기서 저기로 옮겨지라 하면 옮겨질 것이요. 또 너희가 못할 것이 없으리라"(마 17:20). "이르시되 기도 외에 다른 것으로는 이런 종류가 나갈 수 없느니라 하시니라"(막 9:29). 사랑의 예수님은 여기서 성도의 신앙생활에 기도와 금식이 얼마나 필요한지에 대하여 가르쳐 주십니다. 기도는 하늘의 권세를 붙잡게 하고 금식은 이 땅의 쾌락에 얽매인 결박을 풀어줍니다.

예수님 자신도 사탄을 대적하기 위한 권능을 얻기 위해 40일 동안이나 금식하셨습니다. 예수님은 아무도 모르게 금식해야 한다는 것과 그러면 하늘에 계신 아버지께서는 크게 보응하신다는 것을 말씀하셨습니다. "너는 기도할 때에 네 골방에 들어가 문을 닫고 은밀한 중에 계신 네 아버지께 기도하라. 은밀한 중에 보시는 네 아버지께서 갚으시리라"(마 6:6). 아예 음식을 끊거나 식사를 절제하는 것은 하나님과 교통하기 위한 우리의 영혼을 강화하도록 도와줍니다.

우리는 절식, 절제, 일시적인 것들에 대한 자기 부인이 우리의 영성에 커다란 도움을 준다는 이와 같은 교훈을 진지하게 배워야 합니다. 맛있는 음식을 배불리 먹은 다음에는 누구든지 기도하고 싶다는 갈망을 그다지 많이 느끼지 못할 것입니다. 그러므로 기꺼이 우리 자신의 쾌락이나 신체적인 즐거움을 희생하고 육신의 정욕과 안목의 정욕을 정복해야 합니다. 더욱 철저히 천상의 것들에만 자신의 마음을 두도록 해야 합니다. 육신의 욕망을 이기는 데 필요한 바로 이와 같은 노력은 기도 가운데 하나님을 붙잡을 힘을 우리에게 더욱 불어넣을 것입니다.

여기서 얻을 수 있는 커다란 교훈은 바로 이것입니다. 곧 우리가 기도에 둔감한 것은 자기 안위와 안락을 추구하려는 육신적인 욕망 때문이라는 것입니다. "그리스도 예수의 사람들은 육체와 함께 그 정욕과 탐심을 십자가에 못 박았느니라"(갈 5:24). 기도는 절대 쉬운 일이 아닙니다. 기도는 쉽사리 단순한 형식으로 전락할 수 있습니다. 정말로 기도를 훈련하기 위해서는 진정으로 하나님을 단단히 붙잡아야 합니다. 그리고 그분과 교통하기 위해서는 육신을 즐겁게 하는 모든 것을 포기해야 합니다. 거기에다 사형을 선고해야 합니다.

사랑하는 그리스도인이여, 다시 한번 강조하지만 거룩하신 하나님을 만나서 그분으로부터 천상의 축복을 받아 누리기 위해서는 날마다 자기를 부인하는 수고를 기꺼이 감당해야 합니다. 그리고 그것은 그럴 만한 충분한 가치가 있음을 기억해야 합니다.

회개 없인 능력도 없다

"만일 우리가 우리 죄를 자백하면 그는 미쁘시고 의로우사 우리 죄를 사하시며 우리를 모든 불의에서 깨끗하게 하실 것이요"(요일 1:9). 아주 흔히 죄 고백은 너무나 피상적이며 그마저도 자주 무시되거나 잊어버리게 됩니다. 그 문제에 관하여 진지해지는 게 얼마나 절실한지 깨닫는 그리스도인은 별로 없습니다. 어떤 사람들은 죄의 고백이 죄를 이기는 승리의 삶을 살 수 있는 능력을 부어준다는 사실을 전혀 깨닫지 못하고 있습니다. 그러나 우리는 예수 그리스도와 날마다 교제를 나누면서 진실한 마음으로 모든 죄를 남김없이 고백하여 어떤 장애물도 우리 그리스도인의 삶을 가로막지 않도록 주의해야 합니다.

여기서 다윗이 한 말을 찬찬히 읽어보십시오. "내가 이르기를 내 허물을 여호와께 자복하리라 하고 주께 내 죄를 아뢰고 내 죄악을 숨기지 아니하였더니 곧 주께서 내 죄악을 사하셨나이다. 주는 나의 은신처이오니 환난에서 나를 보호하시고 구원의 노래로 나를 두르시리이다"(시

32:5,7). 그런데도 다윗은 기꺼이 자기 죄를 고백하고 싶지 않았을 때에 관하여 이렇게 언급하고 있습니다. "내가 입을 열지 아니할 때에 종일 신음하므로 내 뼈가 쇠하였도다. 주의 손이 주야로 나를 누르시오니 내 진액이 빠져서 여름 가뭄에 마름같이 되었나이다"(시 32:3-4). 그러나 결국 다윗이 자기 죄를 고백하자 다윗에게는 놀라운 변화가 일어났습니다.

고백은 부끄러워하면서 자기 죄를 솔직히 아뢴다는 의미뿐만 아니라 하나님이 그 죄악을 지워 없애신다고 믿으면서 담대히 내맡긴다는 뜻입니다. 그러한 고백에는 우리 스스로 그와 같은 죄악을 없애는 것이 전혀 불가능하다는 의미가 내포되어 있습니다. 하지만 이러한 믿음의 행위를 통하여 하나님이 우리를 구해주시리라고 기대한다는 뜻도 오롯이 담겨 있습니다. 또한 이러한 구원에는 자신의 죄가 완전히 용서되었음을 잘 알고 있다는 뜻이 담겨 있으며, 그리스도께서 그 죄로부터 우리를 깨끗이 씻어주시고 죄악의 권세로부터 언제나 지켜주신다는 의미도 담겨 있습니다.

오, 그리스도인이여! 만약 당신이 예수 그리스도와 날마다 교제를 나누기 위하여 노력하는 중이라면, 반드시 구원을 확신하면서 죄지을 때마다 곧바로 자백하는 것을 두려워하지 마십시오. 항상 예수 그리스도와 당신 사이에 서로 깊은 이해와 신뢰가 쌓이도록 하여 죄지을 때마다 곧바로 고백해서 용서받을 수 있도록 하십시오. 그러면 당신은 자기 백성을 죄에서 구원해 주시는 예수님을 주님으로 알 수 있게 될 것입니다. "아들을 낳으리니 이름을 예수라 하라. 이는 그가 자기 백성을 그들의 죄에서 구원할 자이심이라 하니라"(마 1:21). 우리 주님이자 구세주께서 이미 모든 죄를 짊어지셨기 때문에 죄의 고백에는 엄청난 능력이 있다는 사실을 믿어야 합니다.

임재를 바라며 교제의 자리로

"나의 계명을 지키는 자라야 나를 사랑하는 자니 나를 사랑하는 자는 내 아버지께 사랑을 받을 것이요 나도 그를 사랑하여 그에게 나를 나타내리라"(요 14:21). 삼위일체를 이루고 있는 신성한 세 위격은 성부, 성자, 성령이십니다. 우리 각자가 다른 사람과는 확연히 구별되면서도 서로 특별한 관계를 맺고 있는 개인인 것과 마찬가지로 각 위격은 서로 다릅니다. 그런 하나님이 인격체로서 그분 자신을 우리에게 계시하길 원하십니다. 하나님은 그분 자신을 계시하시며 그분과 나누는 교제 속으로 들어오라고 우리를 향해 거룩한 부르심으로 손짓하고 계십니다.

하나님은 우리와 함께 이와 같은 교제를 간절히 나누고 싶어 하십니다. 그러나 죄가 하나님과 인간 사이에 끼어들었습니다. 심지어 하나님을 안다고 생각하는 그리스도인조차도 이처럼 하나님과 맺는 인격적인 사랑의 관계를 무시하거나, 심지어 아예 무관심하기도 합니다.

사람들은 회심하는 순간에 모든 죄를 용서받았고, 하나님이 우리를 받아주셔서 모두 천국에 들어갈 수 있으며 누구나 하나님의 뜻을 행하려고 노력해야 한다고 생각합니다. 그러나 마치 이 땅에서 아버지와 자녀들이 서로 친밀한 관계 속에서 즐거움을 누리는 것처럼 날마다 하나님과 복된 교제를 나눌 수 있으며 실제로 그렇게 해야 한다는 생각에 대해서는 오히려 굉장히 이상하게 여깁니다.

하나님은 우리를 하나님에게로 데려가기 위하여 독생자 예수 그리스도를 우리에게 보내 주셨습니다. 그러나 이것은 우리가 예수 그리스도와 친밀한 관계를 맺으면서 살아갈 때만 가능해집니다. 그리스도와 맺는 우리의 관계는 우리를 향한 하나님의 깊고 부드러운 사랑에 의존합니다. 우리가 스스로 하나님께 이와 같은 사랑을 보답할 길은 어디에도 없습니다. 그러나 성령님이 우리 안에서 친히 그 일을 행하실 것입니다. 이를 위하여 날마다 세상과 우리 자신을 분리하고 믿음으로 예수 그리스도께로 돌아서서, 주님이 우리 마음에 하나님의 사랑을 부어 주시고 하나님을 향한 거대한 사랑으로 충만하게 하실 수 있도록 해야 합니다.

사랑하는 영혼이여, 이와 같은 생각을 잠잠히 묵상해 보십시오. 요한복음 14장 21절에 나오는 예수님의 말씀을 읽어보십시오. "나의 계명을 지키는 자라야 나를 사랑하는 자니 나를 사랑하는 자는 내 아버지께 사랑을 받을 것이요 나도 그를 사랑하여 그에게 나를 나타내리라." 이와 같은 인격적인 교제를 전폭적으로 신뢰하기 위하여 하나님과 지내는 시간을 가져야 합니다. 당신의 사랑에 대해 하나님께 말씀드려야 합니다. 하나님께 이렇게 말씀드리십시오. "하나님, 하나님은 저를 극진히 사랑해 주셨습니다. 그러므로 저는 다른 어떤 것보다 더 많이 진정으로 하나님을 사랑하고 싶습니다."

말씀을 통해 말씀하시는 하나님

"하나님의 말씀은 살아 있고 활력이 있어"(히 4:12). 하나님과의 교제에는 하나님의 말씀과 기도가 모두 필요합니다. 골방에서도 따로 구분해서는 안 됩니다. 하나님은 말씀을 통해서 나에게 말씀하십니다. 그리고 나는 기도를 통해서 하나님께 마음을 털어놓습니다.

말씀은 내가 기도하는 하나님을 알아야 한다고 교훈하고 있습니다. 하나님이 어떻게 나를 기도하게 하시는지 일깨워 줍니다. 내가 기도할 때 격려하기 위해서 소중한 언약을 제공합니다. 종종 말씀이 기도에 대한 놀라운 응답을 허락할 때도 있습니다.

말씀은 하나님의 마음에서 나와 우리의 마음에 하나님의 생각과 사랑을 가져다줍니다. 그러고 나서 말씀은 내 마음에서 다시 위대한 사랑의 마음으로 돌아가고 기도는 하나님의 마음과 인간의 그것 사이에서 교제의 도구가 됩니다.

하나님 말씀은 내게 하나님의 뜻을 전달합니다. 신앙에 필요한 음식처럼 나를 위해서 하나님이 행하시기로 하신 언약에 담긴 뜻과 애정 어린 순종의 자세로 자신을 내려놓으라는 하나님의 명령에 담긴 뜻을 말입니다.

기도하면 할수록 하나님의 말씀이 더 간절해지고, 그것을 통해서 누리는 즐거움 역시 더욱더 커지게 됩니다. 하나님 말씀을 읽으면 읽을수록 더 많이 기도하지 않을 수 없게 되고 기도를 통해서 더 큰 능력을 누릴 수 있게 됩니다. 기도하지 않는 한 가지 주요한 원인은 하나님 말씀을 너무 적게, 혹은 피상적으로 인간의 지혜에 비추어서 읽기 때문입니다.

말씀은 성령님을 통해서 전달되는데 그분은 기도의 영이기도 합니다. 성령님은 말씀을 어떻게 받아들이고 하나님께 어떻게 다가갈 수 있는지 가르쳐주십니다.

우리가 하나님 말씀을 그분께 직접 받은 것처럼 대하면서 그것을 기도로 바꾸고 확실하게 답변을 기대하게 되면 은밀한 골방이 얼마나 큰 축복이 되고, 우리의 예배에 능력과 영감이 얼마나 넘쳐날지 알 수 없을 정도입니다. 성령님을 통해서 하나님 말씀이 우리의 기쁨과 능력이 되는 곳은 하나님의 비밀스러운 임재가 이루어지는 골방입니다.

우리의 마음과 입술과 삶 속에서 무엇보다 크게 경외하는 여호와 하나님의 말씀은 절대 바닥을 드러내지 않는 능력과 축복의 샘이 될 것입니다. 하나님의 말씀이 실제로 우리를 강하게 만들고, 하나님으로부터 위대한 일을 기쁘게 기대하고 받아들이도록 만드는 활기찬 능력이 충만하다는 사실을 믿어야 합니다. 무엇보다 말씀은 살아계신 하나님과 복된 교제를 하루도 거르지 않고 허락할 것입니다. "오직 여호와의 율법을 즐거워하여 그의 율법을 주야로 묵상하는도다"(시 1:2).

말할 수 없는 탄식으로

"이와 같이 성령도 우리의 연약함을 도우시나니 우리는 마땅히 기도할 바를 알지 못하나 오직 성령이 말할 수 없는 탄식으로 우리를 위하여 친히 간구하시느니라. 마음을 살피시는 이가 성령의 생각을 아시나니 이는 성령이 하나님의 뜻대로 성도를 위하여 간구하심이니라"(롬 8:26-27). 기도는 우리의 일이 아니라 하나님의 일입니다. 하나님은 전능하신 능력으로 우리 안에서 일하십니다. 이 말을 곰곰이 묵상해 보면 우리는 기도할 때 성령께서 우리의 연약함을 도우셔서 "말할 수 없는 탄식으로" 우리 안에서 간구하시도록 잠잠히 기다리면서 기대해야 한다는 것입니다.

이 얼마나 놀라운 은혜란 말입니까! 내 기도에 너무나 많은 결점이 있다고 느낄 때, 나 스스로 기도할 만한 힘이 없다고 생각될 때 성령님이 나에게 기도하는 법을 가르쳐 주실 것이라고 확신하면서 하나님 앞에 조용히 꿇어 엎드릴 수 있다니요! 이 성령님은 기도의 영이십니다. 기도는 나의 일이 아니라 내 안에서 이루어지는 하나님의 일입니다. 내가 기도하고 싶다는 갈망을 느낀다는 것은 하나님이 나에게 귀 기울이실 것이라는 신호이기도 합니다.

하나님이 우리의 요청을 허락하시기 위하여 움직이실 때 그분은 먼저 우리 마음속에서 갈망이 생겨나도록 일하십니다. 그리고 성령님은 우리가 아무리 연약한 가운데 있더라도 그 일을 온전하게 하십니다. 우리는 이것을 야곱의 이야기에서 살펴보게 됩니다. 야곱과 싸우면서 축복을 허락하시지 않을 것처럼 보였던 바로 그분은 실제로 야곱을 강하게 만들어 계속해서 기도하는 가운데 하나님을 설복시키도록 하였습니다.

"야곱은 홀로 남았더니 어떤 사람이 날이 새도록 야곱과 씨름하다가 자기가 야곱을 이기지 못함을 보고 그가 야곱의 허벅지 관절을 치매 야곱의 허벅지 관절이 그 사람과 씨름할 때에 어긋났더라. 그가 이르되 날이 새려하니 나로 가게 하라. 야곱이 이르되 당신이 내게 축복하지 아니하면 가게 하지 아니하겠나이다. 그 사람이 그에게 이르되 네 이름이 무엇이냐. 그가 이르되 야곱이니이다. 그가 이르되 네 이름을 다시는 야곱이라 부를 것이 아니요 이스라엘이라 부를 것이니 이는 네가 하나님과 및 사람들과 겨루어 이겼음이니라. 야곱이 청하여 이르되 당신의 이름을 알려주소서. 그 사람이 이르되 어찌하여 내 이름을 묻느냐 하고 거기서 야곱에게 축복한지라. 그러므로 야곱이 그곳 이름을 브니엘이라 하였으니 그가 이르기를 내가 하나님과 대면하여 보았으나 내 생명이 보전되었다 함이더라"(창 32:24-30).

이 얼마나 경이로운 생각이란 말입니까! 기도는 삼위일체 하나님의 일입니다. 성부 하나님은 우리의 갈망을 일깨우셔서 우리에게 필요한 모든 것을 허락하십니다. 성자 하나님은 그분의 중보기도를 통하여 우리에게 그분의 이름으로 기도하는 법을 가르쳐주십니다. 그리고 성령 하나님은 은밀한 중에 우리의 연약한 갈망을 강하게 하십니다.

이제 우리에게는 말할 수 없는 탄식으로 우리의 기도를 도우시는 기도의 성령님이 계십니다. 그분을 통하여 우리 삶은 지속해서 기도하는 삶을 살 수 있게 됩니다. 하나님께 감사하십시오. 성령님은 우리 마음속에 머물러 계시면서 우리에게 기도하는 법을 가르쳐 주시기 위하여 하늘에서 허락하신 분입니다.

그리스도인이여, 성령님의 인도하심에 귀 기울여야 합니다. 모든 일에 말씀하시는 그분의 음성에 귀 기울여야 합니다. 성령님이 당신을 기도의 사람으로 만들어 주실 것입니다. 그러면 당신은 주변에 있는 사람들을 위하여, 교회를 위하여, 구원받지 못한 온 세상을 위하여, 하나님의 위대한 일을 위하여 간구하는 중보자로 부르시는 그분의 부르심이 얼마나 영광스러운 것인지 깨닫게 될 것입니다.

말씀을 의지하는 기도

"여호와여 주의 말씀대로 나를 살아나게 하소서"(시 119:107).
기도와 하나님 말씀은 따로 구분할 수 없기 때문에 골방에서 경건의 시
간을 가질 때는 늘 어느 쪽도 빠뜨려서는 안 됩니다. 하나님은 말씀을
통해서 내게 말씀하시고 나는 기도를 통해서 하나님과 대화합니다. 진
정한 사귐을 갖기 위해서는 하나님과 내가 반드시 함께 참여해야 합니
다. 하나님 말씀을 의지하지 않은 채 그저 기도만 하게 되면 나의 말과
생각을 늘어놓기 십상입니다. 말씀에서 하나님의 생각을 파악하고서
그분께 그것을 내놓게 되면 실제로 기도에 능력이 실리게 됩니다. 덕분
에 하나님 말씀에 따라서 기도할 수 있습니다. 그러므로 진정한 기도라
고 한다면 하나님 말씀과 따로 구분될 수 없습니다.

기도할 때는 하나님을 바로 알기 위해서 힘써야 합니다. 성령님은
말씀을 통해 하나님에 대한 올바른 생각을 허락하십니다. 말씀은 내가
얼마나 비참하게 죄에 물들었는지 일러 주시고 하나님의 뜻을 실천할
수 있는 능력을 허락하십니다. 말씀은 간절한 바람과 흔들림 없는 믿음
과 꾸준한 인내로 기도하는 법을 가르쳐 줍니다.

말씀은 내가 누구인지, 그리고 하나님의 은총을 통해서 내가 어떤
사람이 될 수 있는지 가르쳐줍니다. 또한 무엇보다도 그리스도께서 위
대한 중보자이시고 그분의 이름으로 기도할 수 있다는 사실을 하루도
거르지 않고 일깨워 줍니다. 우리는 이 놀라운 교훈을 익혀야 합니다.

매일 하나님의 말씀을 통해 새롭게 능력을 받고 그분의 뜻을 따라서 기도해야 합니다.

계속해서 우리는 기도의 또 다른 측면을 검토해야 합니다. 우리는 하나님 말씀을 읽을 때 기도해야 합니다. 말씀을 이해할 수 있게 하나님에 대해서 일러 달라고 기도해야 합니다. 성령님을 통해 하나님의 말씀을 올바로 알고 활용할 수 있도록 기도해야 합니다. 말씀 안에서 예수님이 전부이고 내 안에 있는 모든 것이 될 수 있음을 확신할 수 있게 기도해야 합니다.

말씀과 기도를 통해 그리스도 안에서 하나님께 나아갈 수 있는 골방은 정말 축복의 공간입니다. 그곳에서 자신을 하나님과 그분의 사역에 헌신하고 성령님을 통해서 힘을 얻을 수 있습니다. 그러면 그리스도의 사랑이 내 마음을 비추고 그 사랑 안에서 매일 걸어가게 됩니다. 그러므로 우리는 언제든지 "여호와여, 주의 말씀대로 나를 살아가게 하소서"라고 기도해야 합니다.

성령님이 임하시는 능력을 통해

"내가 진실로 진실로 너희에게 이르노니 너희가 무엇이든지 아버지께 구하는 것을 내 이름으로 주시리라"(요 16:23). 요한복음 13장부터 17장 사이에 기록된 우리 주님의 고별설교를 보면 예수님은 성령시대의 삶을 아주 강력하고 매력적인 것으로 소개하셨습니다. 성령님이 임하시는 순간의 영광스러운 결과 가운데 하나는 하늘로부터 하나님의 능력이 임해서 세상을 축복하도록 기도해야 하는 새로운 능력일 수 있습니다.

우리에게는 같은 언약이 일곱 차례나 거듭해서 주어졌습니다.

"너희가 내 이름으로 무엇을 구하든지 내가 행하리니 이는 아버지로 하여금 아들로 말미암아 영광을 받으시게 하려 함이라. 내 이름으로 무엇이든지 내게 구하면 내가 행하리라"(요 14:13-14).

"너희가 내 안에 거하고 내 말이 너희 안에 거하면 무엇이든지 원하는 대로 구하라. 그리하면 이루리라"(요 15:7).

"너희가 나를 택한 것이 아니요. 내가 너희를 택하여 세웠나니 이는 너희로 가서 열매를 맺게 하고 또 너희 열매가 항상 있게 하여 내 이름으로 아버지께 무엇을 구하든지 다 받게 하려 함이라"(요 15:16).

"그날에는 너희가 아무것도 내게 묻지 아니하리라. 내가 진실로 진실로 너희에게 이르노니 너희가 무엇이든지 아버지께 구하는 것을 내 이름으로 주시리라. 지금까지는 너희가 내 이름으로 아무것도 구하지 아니하였으나 구하라. 그리하면 받으리니 너희 기쁨이 충만하리라"(요 16:23-24).

"그날에 너희가 내 이름으로 구할 것이요. 내가 너희를 위하여 아버지께 구하겠다 하는 말이 아니니"(요 16:26).

우리 주님이 얼마나 급하고 간절하게 이 언약을 반복하셨는지 제대로 이해할 수 있도록 매 순간 이 말씀들을 묵상해야 합니다.

예수 그리스도께서 성취하신 완전한 구원의 능력으로, 아버지와 함께하시는 그분의 영광스러운 능력으로, 하나님의 자녀들 마음에 내주하시는 성령님을 부어주시는 능력을 통해서 그리스도인은 하나님의 뜻을 성취하는 데 필요한 것을 자유롭게 간구할 수 있고, 그것은 그대로 이루어질 것입니다. 이 간단한 말씀에 모든 것이 포함되어 있습니다. "너희가 내 이름으로 무엇을 구하든지 내가 행하리니"(요 14:13).

오순절이 시작되기 전 열흘간 제자들은 이 언약을 실험했습니다. 그들의 지속된 합심기도의 응답으로 하늘이 열리고 하나님의 영이 그들 마음에 내주하려고 지상으로 강림하셔서 생명의 능력을 충만하게 하셨습니다. 그들은 성령님의 능력을 받아 수많은 사람에게 나눠주었습니다. 그 능력은 여전히 하나님께서 늘 행하시려는 일에 관한 보증이 됩니다. 하나님의 자녀들이 하루도 거르지 않고 아버지의 언약을 기다리는 일에 서로 뜻을 모으면 하나님께서 그들을 위해 못하실 일이 하나도 없습니다.

그리스도인은 성령의 시대에 살고 있다는 사실을 명심해야 합니다. 그것은 하늘에 닿는 기도를 통해 성령께서 우리에게 내주하시면서 그분을 증거하도록 해주신다는 뜻입니다. 하지만 그것은 당신이 하나님의 자녀와 더불어서 깨달은 것 이상으로 더 많이 기도하고, 더 놀라운 일을 행할 수 있도록 간구해야 한다는 뜻도 포함하고 있습니다.

성령으로 기도하면서

"성령으로 기도하며 하나님의 사랑 안에서 자신을 지키며"(유 1:20-21). 사도 바울은 에베소교회에 보내는 서신의 마지막 부분을 이런 말로 시작했습니다. "너희가 주 안에서와 그 힘의 능력으로 강건하여지고"(엡 6:10). 그는 하나님의 전신갑주를 거론하고 나서 기도와 간구를 하되 "항상 성령 안에서 기도"하면서 이 갑주를 착용해야 한다는 말로 끝맺습니다(엡 6:18). 그리스도인이 온종일 주님 안에서 강해지고 온종일 원수를 상대로 갑주를 착용해야 하는 것만큼이나 항상 성령 안에서 기도하면서 살아가야 합니다.

성령님은 이것을 바라십니다. 성령님은 우리가 그분의 도움이 필요하다고 생각하는 특정한 순간보다 더 자주 함께 지내고 싶어 하십니다. 성령님은 우리 인생의 동반자가 되려고 찾아오십니다. 성령님은 늘 우리를 자신의 소유로 삼고 싶어 하십니다. 그렇지 않으면 우리 안에서 전혀 역사하실 수 없습니다. 많은 그리스도인이 이것을 이해하지 못합니다. 그들은 성령님의 도움과 가르침을 받고 싶어 하면서도 성령님이 계속해서 내주하시고 자신의 존재 자체를 완벽하게 소유하셔야 한다는 진리를 깨닫지 못합니다.

이 진리를 깨닫게 되면 언제든지 "성령으로 기도"하면서 살아갈 수 있다는 뜻을 알게 됩니다. 우리는 믿음을 통해 성령님이 계속 기도하는 자세를 유지하게 하시고, 하나님의 임재를 의식하도록 하여서 우리의 기도가 하나님과의 교제와 그분의 위대한 사랑을 지속해서 실천하게 된다는 확신을 가질 수 있습니다. 하지만 우리가 성령의 역사를 특정한 순간이나 시기로 국한하게 되면 해결되지 않은 신비로 남거나 걸림돌이 될 가능성이 있습니다.

사도 유다는 바울과 같은 생각을 이렇게 말합니다. "성령으로 기도하며 하나님의 사랑 안에서 자신을 지키며." 이것이 하나님의 자녀마다 바라는 것이고 성령님이 자녀의 내부에서 행하시는 일입니다. 성령님은 온종일 햇빛을 누리는 것처럼 자녀를 하나님의 사랑 가운데 머물게 하십니다. 그러므로 우리가 항상 하나님의 사랑 안에 머물고, 더할 수 없이 분주한 삶의 순간에도 쉬지 않고 기도하면서 그분을 철저히 의지할 수 있는 것은 이렇게 하나님을 가까이할 수 있는 은혜 덕분입니다.

남김없이 마음을 다하고

"너희가 온 마음으로 나를 구하면 나를 찾을 것이요 나를 만나리라"(렘 29:13). 큰일을 하려면 마음과 힘을 다해 해야 한다는 말을 자주 듣게 됩니다. 세상에서 일할 때 성공과 승리의 비결이 바로 이것입니다. 하나님 일 역시 마찬가집니다. 특히 성령을 간구하는 기도할 때는 필수적입니다. 성령님은 당신을 남김없이 소유하고 싶어 하십니다. 당신 삶에 능력을 충분히 보여주기 전까진 만족하지 않으십니다.

성령님께는 그런 권리가 있습니다. 전능하신 하나님이기 때문입니다.

당신은 기도할 때마다 신격 전체에 소유되기를 간구하고 있다는 것을 의식한 적이 있습니까? 이것이 무슨 뜻인지 정말 알고 있습니까? 아니면 옳지 않은 동기를 갖고서 기도하십니까? 성령의 능력은 바라면서도 당신의 삶에 대한 성령님의 부르심은 외면하고 있습니까? 그것은 큰 잘못입니다. 성령께서 남김없이 소유해야 합니다.

당신은 그것이 문제라고 말합니다. 당신은 그렇게 뜨겁고 간절한 바람이 없고 삶 속에서 구체화할 기회를 찾지도 않습니다. 하나님은 당신의 이런 약점을 알고 계십니다. 하나님은 거룩한 섭리에 따라서 성령님이 당신 안에서 필요한 모든 것을 역사하시도록 결정하셨습니다. 하나님이 명령하시고 우리에게 필요한 모든 것을 우리 안에서 직접 역사하실 것입니다. 우리가 할 일은 하루도 거르지 않고 하나님 아버지께 간절히 기도하고 성령님을 지도자와 안내자로 받아들이는 것입니다.

성령님은 하나님 자녀인 당신을 남김없이 소유하고 싶어 하십니다. 당신은 성령께 응답하는 시간을 가져야 합니다. 하나님의 언약과 당신 안에서 역사하는 전능한 능력을 철저히 신뢰하면서 의지해야 합니다.

기도의 능력은 그리스도 안에서

"너희가 내 안에 거하고 내 말이 너희 안에 거하면 무엇이든지 원하는 대로 구하라. 그리하면 이루리라"(요 15:7). 우리 주님은 하늘로 올라가시기 전에 제자들이 감당해야 할 커다란 일을 자신 있게 수행하면서 그분과 관계를 맺는 것과 관련하여 두 가지 커다란 교훈을 가르쳐 주셨습니다. 그 교훈 가운데 하나는 우리 주님이 일단 하늘에 올라가셔야 이 땅에 있을 때보다 훨씬 더 많은 능력을 소유하실 수 있다는 것이었습니다. 그리고 오직 사람들을 통하여, 사람들의 말과 행동을 통하여, 영혼들을 구원하기 위하여 그와 같은 능력이 발휘되리라는 것이었습니다.

또 다른 교훈은 제자들 역시 우리 주님이 없으면 아무것도 할 수 없지만 제자들 안에서, 제자들을 통하여 일하시는 주님을 의지하여 그분의 목적을 수행할 수 있게 된다는 것이었습니다. 그러므로 제자들에게 가장 중요한 첫 번째 일은 자기들이 이루기를 원하는 모든 일을 기도하는 가운데 주님에게로 가져오는 것이었습니다. 제자들은 "무엇이든지 원하는 대로 구하라. 그리하면 이루리라"(요 15:7)는 우리 주님의 약속을 알고 있었으며 거기에 전적으로 의지하고 있었습니다.

제자들의 마음속에 새겨진 이러한 두 가지 진리를 가르쳐 주신 후에야 비로소 우리 주님은 제자들을 세상 속으로 보내셨습니다. 그리하여 제자들은 담대하게 자신에게 맡겨진 일을 수행할 수 있었습니다. 영광을 받으신 전능하신 예수님은 이 땅에서 친히 행하셨던 것보다 더 커다란 일을 제자들 안에서, 제자들과 함께, 제자들을 통하여 행하실 준비가 되어 있었습니다. 이 땅에서 무기력한 모습을 보였던 제자들은 끊임없이 기도하는 가운데 우리 주님을 올려다보았으며, 우리 주님이 그러한 기도를 들어주신다는 철저한 확신을 바탕으로 그렇게 하였습니다. 그런데 이것은 제자들이 우리 주님의 약속에 담긴 능력에 대해 단호한 확신을 보여줄 때만 가능한 일이었습니다. 제자들의 삶과 사역 속에서 가장 중대한 일은 기도와 간구의 영을 지속해서 유지하는 것이었습니다.

그런데 지금 얼마나 많은 그리스도인이 이것을 이해하지 못하며 믿지 못하고 있습니까? 그렇게 된 이유는 무엇입니까? 그것은 단지 그리스도인들이 날마다 그리스도 안에 머물러 있지 못하기 때문입니다. 그것은 우리 주님의 "보배롭고 지극히 큰 약속"(벧후 1:4)을 믿는 믿음이 굉장히 무기력하기 때문입니다. 그러므로 우리의 삶과 일에 필요한 교훈을 배워야 합니다. 즉 그리스도의 지체로서 날마다 우리에게 가장 중요한 일은 깊은 신뢰와 끊임없는 간구를 바탕으로 그리스도와 친밀하고 영속적인 교제를 나누어야 한다는 교훈 말입니다.

오직 그럴 때라야 우리는 그리스도께서 우리의 기도를 들으실 뿐 아니라 강력한 힘과 풍성한 축복의 원천으로서 위로부터 내려오는 능력을 베푸신다는 확신을 갖게 될 것입니다. 또한 그런 확신 가운데 우리에게 맡겨진 사명을 충실히 감당할 수 있게 될 것입니다. 그러므로 차분히 시간을 가지면서 온 마음을 다하여 그리스도께서 하신 말씀을 굳게 믿어야 합니다.

지금 그리스도께서 우리에게 묻고 계십니다. "무릇 살아서 나를 믿는 자는 영원히 죽지 아니하리니 이것을 네가 믿느냐?" 만일 우리가 "주여, 그러하외다"라고 대답한다면 주님은 "너희가 내 안에 거하고 내 말이 너희 안에 거하면 무엇이든지 원하는 대로 구하라. 그리하면 이루리라"(요 15:7), 그리고 "아버지께서 나를 사랑하신 것같이 나도 너희를 사랑하였으니 (너희는 계속해서) 나의 사랑 안에 거하라"(요 15:9)고 말씀하실 것입니다.

주 예수 그리스도의 이름으로

"또 무엇을 하든지 말에나 일에나 다 주 예수의 이름으로 하고 그를 힘입어 하나님 아버지께 감사하라"(골 3:17). 기도를 끝마칠 무렵에는 '기억의 영'이 온종일 "모든 것을 생각나게" 해달라는 간구를 덧붙이는 게 항상 도움이 됩니다. 당신은 아침에 드리는 기도가 하루 일과 때문에 지장받지 않도록 반드시 이런 간구를 해야 합니다.

"또 무엇을 하든지 말에나 일에나 다 주 예수의 이름으로 하고 그를 힘입어 하나님 아버지께 감사하라"는 말씀이 일종의 명령이라는 것을 생각해 본 적이 있습니까? 이 명령에 순종하는 게 당신 삶의 목적입니까? 그 지시를 따르려는 간절한 바람을 갖고 있습니까? 이것이 어려울지 모르지만 불가능하지는 않습니다. 그렇지 않다면 하나님이 그렇게 명령하시지 않았을 것입니다.

하나님의 말씀은 우리 삶 속에 감사의 영을 불어넣는 놀라운 능력을 지니고 있습니다. 아침에 일어나면 단잠을 허락하신 하나님에게 "주 예수의 이름으로" 감사해야 합니다. 밤에는 하루를 위해서 자비를 베푸신 하나님에게 주님의 이름으로 감사해야 합니다. 더없이 일상적인 의무가 반복되는 우리의 평범한 나날들은 하나님께서 우리에게 베푸신 일들을 생각하면 그래서 가벼워집니다. 일상적인 행동을 할 때마다 그것을 감당할 수 있는 능력을 허락하신 것에 감사하게 됩니다.

처음에는 무엇을 하든지 주 예수님을 기억하고 무엇이든 그분의 이름으로 행하는 게 불가능해 보일 수 있습니다. 하지만 간단한 시도로도 힘을 얻을 수 있습니다. 어머니가 온종일 힘든 일을 하더라도 자녀에 대한 사랑을 잊지 않는 것처럼 우리는 그리스도의 사랑 덕분에 그분의 임재 안에서 살아갈 수 있습니다. 우리는 온종일 하나님을 위해서 살 수 있도록 자신을 완벽하게 내려놓아야 합니다.

나는 가끔 예수 그리스도의 이름으로 기도하는 것이 무엇을 의미하는지 말과 글로 소개하곤 합니다. 앞부분에 소개된 골로새서 3장의 말씀을 읽다가 이것이 올바른 설명이라고 생각했습니다. 무엇이든지 예수님의 이름으로 말하고 행동하는 사람은 그 이름으로 구하면 받게 될 것이라는 완전히 어린아이 같은 확신을 지닐 수 있습니다. 서두에 소개한 성경 말씀을 암기하십시오. 그러면 성령님이 그것을 당신 삶 속에 실현시켜주실 것이라고 확신하게 될 것입니다.

기다림이 길면 축복도 크다

"항상 기도하고 낙심하지 말아야 할 것"(눅 18:1). "소망 중에
즐거워하며 환난 중에 참으며 기도에 항상 힘쓰며"(롬 12:12). "쉬지 말
고 기도하라"(살전 5:17). 기도생활의 큰 장애물 가운데 하나는 우리의
기대만큼 응답이 신속하게 이루어지지 않는다는 점입니다. 우리는 이
렇게 낙심합니다. "어쩌면 내가 올바르게 기도하지 않은 것일지도 몰
라." 그리고는 꾸준히 기도하지 않습니다. 이것이 우리 주님이 자주,
그리고 긴급하게 일러주신 교훈이었습니다.

우리가 이 문제를 살펴보면 즉시 응답되지 않을 만한 이유가 있고 기다림이 우리 영혼에 축복을 가져다준다는 사실을 알게 될 것입니다. 우리의 바람은 더욱 크고 강해져야 하며 전심으로 간구해야 합니다. 하나님은 우리의 약한 믿음이 강해지도록 인내하는 기도의 학교에 들어가게 하십니다.

무엇보다 하나님은 우리와 더욱 가까운 교제를 나누고 싶어 하십니다. 우리의 기도가 응답 되지 않을 때는 하나님과의 교제와 친밀함과 사랑이 간구에 대한 응답보다 더 커져서 계속하여 기도하게 된다는 사실을 깨닫게 됩니다. 야곱은 기도 응답이 늦어지는 바람에 정말 대단한 축복을 받게 되었습니다! 그는 하나님의 얼굴을 직접 보았고, 마치 임금이나 되는 양 하나님과 힘을 겨뤄서 이길 수 있었습니다.

그리스도인이라면 이런 경고를 외면해서는 안 됩니다. 응답이 이루어지지 않았다고 해서 인내하지 못하거나 낙심해서는 안 됩니다.

"기도에 항상 힘쓰며!"

"쉬지 말고 기도하라!"

이 말씀을 그대로 지키면 말로 다할 수 없는 축복을 누리게 됩니다. 당신의 기도가 하나님의 뜻이나 말씀과 그대로 일치하는지 묻게 될 것입니다. 올바른 영성으로, 그리스도의 이름으로 기도하고 있는지 돌아보게 될 것입니다.

계속해서 기도하십시오. 기도에 대한 응답이 늦어지는 게 하나님이 당신에게 허락하시는 무엇보다 소중한 은총의 수단임을 깨닫게 될 것입니다. 당신은 하나님 앞에서 자주 오랫동안 인내하면서 언약에 호소한 이들이, 기도를 통해 하나님에게 누구보다 커다란 능력을 발휘한 이들이라는 사실 역시 알게 될 것입니다.

의인의 간구는 큰 능력으로

"그러므로 너희 죄를 서로 고백하며 병이 낫기를 위하여 서로 기도하라. 의인의 간구는 역사하는 힘이 큼이니라"(약 5:16). 중보기도는 아주 중요하고 기도와는 떼려야 뗄 수 없는 부분입니다. 중보기도 덕분에 하나님께서 하실 수 있는 일에 관해서 믿음이 강해지고, 그것을 통해서 다른 사람들이 축복과 구원을 얻게 됩니다. 다음의 교훈을 깊이 새겨두십시오.

당신은 오직 자신만이 아니라 다른 사람을 위해서도 기도해야 합니다. 당신과 가깝고 소중한 이들에게 걸림돌이 되지 않고 도움을 베풀어 달라고 간구하는 것으로 기도를 시작해야 합니다. 다른 사람들을 위해서 하나님의 지혜와 신중함을 달라고, 그들을 위해서 자기를 희생할 수 있도록 간구해야 합니다.

당신의 친구와 당신이 접촉하는 모든 사람을 기도의 대상으로 삼아야 합니다. 기도를 통해서 그들의 영혼을 살피는 일을 잊지 않도록 기도해야 합니다. 모든 그리스도인, 특히 선교사와 사역자, 그리고 책임을 맡고 있는 이들을 위해서 기도해야 합니다. 아직 주님을 구세주로 인정하지 않는 이들을 위해서 기도해야 합니다. 하나님이 마음속에 떠오르게 하는 사람들의 이름을 목록으로 만들어서 회심할 수 있도록 기도해야 합니다. 당신은 그리스도의 소유입니다. 그리스도는 당신이 기도를 통해서 주변의 영혼을 자신에게 인도하기를 바라고 계십니다. 성령님은 당신이 영혼을 돌보는 일에 적극적으로 사랑을 베풀도록 능력을 주실 것입니다.

가진 것 없고 소외된 사람들을 위해서도 기도해야 합니다. 기독교의 신앙을 접해본 적이 없는 이들과 선교사역 전반을 위해서 기도해야 합니다. 선교를 위해서 제작된 달력을 사용하면서 매일 기도 제목으로 삼고, 다른 종교를 믿는 사람들 사이에서 봉사하는 선교사, 전도자, 교사, 그리고 그리스도인들을 하나님 앞에서 기억하고 기도해야 합니다.

이런 일에 시간을 너무 많이 할애할까 염려되는지요? 기도를 통해서 영혼을 돕고 성령님의 인도하심을 간구하는 게 얼마나 큰 축복일지 헤아려 보기 바랍니다. 아침에 기도시간이 부족하다면 일과를 마친 뒤에 중보기도를 할 수도 있습니다. "나는 섬기려고 구원을 받았다!"라는 자세를 거듭해서 유지해야 합니다. 당신은 예수 그리스도께서 하나님의 사랑을 다른 사람에게 알리기 위해 이 땅에서 사신 것처럼 살고 있음을 알게 되면 커다란 기쁨을 맛보게 될 것입니다. 그러므로 우리는 우리의 죄를 서로 고백하며 병이 낫기를 위해 서로 기도해야 합니다.

놀라운 축복이 담긴 중보기도

"모든 기도와 간구를 하되 항상 성령 안에서 기도하고 이를 위하여 깨어 구하기를 항상 힘쓰며 여러 성도를 위하여 구하라"(엡 6:18). 중보기도에는 이루 다 말로 표현할 수 없는 놀라운 축복이 얼마나 담겨 있는지 모릅니다. 우리 자신에게 천상의 은사를 내려 달라고 기도하는 것도 경이로운 은혜이기는 하지만 타인에게 축복을 내려 달라고 간구하는 것은 사실 쉽게 상상할 수 없을 정도로 커다란 영예입니다.

그런데 하나님은 우리의 기도에 의지하여 다른 사람들에게 축복을 부어 주십니다. 사실상 하나님은 다른 사람들이 그분을 기억하게 하는 동역자로 우리를 부르신 것입니다. 하나님의 일을 감당하는 동역 관계에 우리를 참여시키신 것입니다. 만약 우리가 자기 몫을 제대로 감당하지 못한다면 다른 사람들이 커다란 고통을 당할지도 모르며 하나님의 일이 이루 다 말할 수 없을 만큼 커다란 손실을 겪게 될지도 모릅니다.

하나님은 영혼을 구원하는 수단 가운데 하나로, 그리고 복음에 대하여 성도와 사역자들을 믿음 가운데 세워가는 수단 가운데 하나로 중보기도를 명하셨습니다. 심지어 전혀 알지 못하는 땅끝에서조차도 우리의 기도를 통해서 생명과 축복을 허락하십니다. 하나님의 자녀가 중보기도라는 수단을 통하여 온 땅에 축복이 임하도록 기쁜 마음으로 애써야 하는 이유가 바로 이것입니다.

그리스도인이여, 당신 자신과 다른 사람들을 위한 은혜의 수단으로 중보기도를 활용하기 시작하십시오. 이웃 사람들을 위하여 기도하십시오. 그리스도께로 돌아오고 싶다는 명백한 갈망을 지닌 영혼들을 위하여 기도하십시오. 담임목사를 위하여 기도하십시오. 모든 사역자와 선교사들을 위하여 기도하십시오. 자기 나라와 국민을 위하여 기도하십시오. 모든 사람을 위하여 기도하십시오. 만약 성령님의 인도하심에 당신 자신을 굴복시켜 전적으로 하나님을 위하여 살아간다면 당신은 기도하면서 드린 시간이 충분히 하나님을 기쁘시게 하는 제물이 된다는 사실을 깨닫게 될 것입니다. 당신 자신에게 축복을 가져올 뿐만 아니라 중보하는 대상들의 삶에도 능력이 임한다는 사실을 머지않아 경험하게 될 것입니다.

그렇습니다. "모든 기도와 간구를 하되 항상 성령 안에서 기도하고 이를 위하여 깨어 구하기를 항상 힘쓰며 여러 성도를 위하여 구하라"(엡 6:18). 그렇게 기도하는 과정에서 당신은 영혼을 얻고 하나님께 영광을 돌리는 가장 중요한 수단이 바로 중보기도라는 교훈을 배우게 될 것입니다.

다함께 마음을 모으는 연합기도

"여자들과 예수의 어머니 마리아와 예수의 아우들과 더불어 마음을 같이하여 오로지 기도에 힘쓰더라"(행 1:14). "그들이 다 성령의 충만함을 받고 성령이 말하게 하심을 따라 다른 언어들로 말하기를 시작하니라"(행 2:4). 온 마음을 다하여 함께 간구하는 기도 모임의 가치는 엄청난 것입니다. 이것은 하나님의 자녀들이 설교를 듣기 위해서 교회에 모이는 것이 아니라 하나님께 각 사람의 마음을 연합하여 올려드리기 위하여 모이는 것입니다. 여기서 연약한 사람들은 더 오래되고 경험 많은 구성원들의 간증을 통해 서로 더 강해지고 격려를 받게 되며, 심지어 어린 그리스도인들도 주님을 새롭게 만난 기쁨을 서로 함께 나눌 기회를 얻게 됩니다.

이런 기도 모임은 회중 가운데서 선한 일을 일으키는 커다란 힘으로 작용할 수 있으며 사역자와 구성원 모두에게 영적 도움을 제공할 수 있습니다. 흔히 어떤 사람들은 사회적이고 종교적인 열정을 쏟아내기 위하여 부지런히 애쓰면서 '경건의 모양'을 갖추려고 노력합니다. "경건의 모양은 있으나 경건의 능력은 부인하니 이 같은 자들에게서 네가 돌아서라"(딤후 3:5). 하지만 은밀한 기도생활에 대해서는 그다지 잘 알지 못합니다. 골방에서 간절히 무릎 꿇지 않는다면 기도 모임에 참석하는 것은 단지 경건의 모양에 지나지 않을 수도 있습니다. 그러므로 우리는 골방에서 드리는 기도생활을 통하여 뿌리에 영양분을 공급받는 그러한 기도 모임의 영향력이 얼마나 큰지 정확히 깨달아야 합니다.

사랑하는 성도여, 이 책에서 내가 목표하는 바는 당신의 영성생활을 도와주는 것입니다. 그러나 당신은 혼자서 살아가는 게 아니라 그리스도의 몸에 붙어 있는 지체라는 사실을 기억해야 합니다. 그러므로 우리는 연합기도 시간에 전 세계에 흩어져 있는 하나님의 백성과 그분의 교회를 포함한 모든 그리스도인을 위하여 열심히 기도해야 합니다. 또한 땅속 깊은 곳에 숨겨진 나무뿌리는 하늘로 무성하게 뻗어 올라간 나뭇가지들과 하나이기에, 아무리 은밀한 골방에서 드리는 개인 기도일지라도 모두 함께 마음을 모아서 드리는 연합기도와 불가분하게 밀접한 관계를 맺고 있음을 항상 기억해야 합니다.

잃어버린 세계를 위한 기도

"그 영화로운 이름을 영원히 찬송할지어다. 온 땅에 그의 영광이 충만할지어다. 아멘. 아멘"(시 72:19). 정말 대단한 모습입니다! "지금 악한 자의 권세 아래 놓인 이 땅이 새로워지고 하나님의 영광으로 충만해졌습니다." 의로움이 머무르는 새로운 땅이 되었습니다. 믿어지지 않더라도 전망은 분명히 이루어질 것입니다. 하나님의 말씀이 보증합니다. 하나님의 아들은 보혈과 부활하심으로 죄악의 능력을 정복하셨고 영원한 영을 통해서 하나님의 능력이 그 목적을 달성하고 있습니다. 온 땅이 하나님의 영광으로 가득하게 된다니 이 얼마나 대단한 모습인지 알 수 없습니다!

하지만 그것은 대단하지만 쉽지 않은 일입니다. 그리스도께서 약속하시고 보좌로 올라가신 지 거의 2천 년이 되었지만 인류의 절반 이상이 예수님의 이름조차 접해본 적이 없습니다. 그리고 나머지 절반에 해당하는 사람들은 그분의 이름을 들어보기는 했지만 제대로 알지 못하고 있습니다.

그리스도를 누구에게나 알려야 하는 이런 대단한 사역을 교회가 담당해 왔지만 대부분은 책임을 무시하고 그에 따른 결과에 개의치 않았습니다. 실제로 그 사역이 언제 끝나게 될지 확신이 서지 않을 때도 있습니다. 하나님의 이름에 영광을 돌립니다. 언젠가 그 사역이 완수되어 온 땅에 하나님의 영광이 가득한 것을 우리가 보게 될 것이라고 하나님의 능력과 신실하심이 보장하기 때문입니다.

그리스도인은 기대하는 그대로 그리스도께서 들어주신다고 확신하면서, 마음을 다해서 그분을 기다리며, 서로 힘을 모아서 부단히 기도할 때만 하나님의 나라가 확장될 수 있다는 사실을 알아야 합니다.

하나님은 자기 자녀들에게 그리스도 안에서 믿음을 증명하도록 허락하고 싶어 하십니다. 자녀들은 하나님의 목적을 자신의 것으로 삼고, 한마음으로 인내하고 기도하면서 하나님이 무엇보다 확실하게, 그리고 무엇보다 영광스럽게 자신이 간구하는 모든 것에 응답하신다고 완벽하게 확신하면서 직접 증거해야 합니다. 당신은 십자가에 달리신 예수님이 우리가 간구하거나 기대하는 것 그 이상으로 응답하신다고 확신하는 중보자가 되어야 합니다.

세상 끝을 향한 중보기도의 능력

"우리는 오로지 기도하는 일과 말씀 사역에 힘쓰리라 하니"
(행 6:4). "이에 베드로는 옥에 갇혔고 교회는 그를 위하여 간절히 하나
님께 기도하더라"(행 12:5). 미국 감리교 지도자인 존 모트 박사는 우리
에게 연합 중보기도의 무한한 능력을 믿으라고 촉구하였습니다. 모트
박사는 아시아 지역을 여행하면서 선교 단체들이 강력하게 활동하기
위해서는 더 많은 중보기도의 절대적인 필요성을 절감하게 되었습니
다. 다른 무엇보다 합심으로 기도하는 중보기도의 필요성 말입니다. 모
트 박사는 이렇게 말했습니다.

"하나님의 성령이 전능한 방식으로 역사하시는 것을 요구하는 이토
록 거대한 상황에 대하여, 우리가 수많은 진실한 중보 기도자들을 늘려
서 기독교계를 위한 기도에 초점을 맞추게 하는 것보다 더 나은 방법으
로 교회의 가장 큰 관심사를 섬길 수는 없습니다. 우리가 선교와 관련
해서 할 수 있는 다른 어떤 섬김보다 훨씬 더 중요하고 필수적인 것은
초인적인 기도의 에너지를 쏟아내도록 도와주는 섬김입니다. 그리고
이와 같은 거룩한 사역에서 모든 나라의 진실한 중보 기도자들을 연합
시켜서, 살아계신 그리스도의 역사하심을 특징적으로 보여주는 표적
으로 가득한 새로운 시대가 도래하도록 돕는 것입니다. 다른 어떤 일보
다 더 말할 수 없을 정도로 중요한 일은 우리가 행하는 모든 일을 신성
한 생명과 에너지의 근원과 연결시키는 것입니다. 기독교 세계는 선교

지도자들이 사역에 관한 여러 가지 사실과 방법론을 밝힐 뿐만 아니라 초인간적인 자원을 엄청나게 발견하고 영적인 능력을 더욱 크게 발산하기를 기대할 만한 권리가 충분히 있습니다."

선교사들은 자기의 삶과 사역에서 성령님의 임재와 권능이 절실히 필요하다고 고백합니다. 선교사들은 날마다 우리 안에 거하시는 그리스도의 영속적인 임재와 권능을 체험하기를 갈망합니다. 선교사들에게는 그것이 절대적으로 필요합니다. 선교사들에게는 그에 대한 권리가 있습니다.

사랑하는 형제여, 당신 역시 효과적인 사역을 위해 너무나 절대적으로 필요한 그와 같은 능력을 채워 달라고 하나님께 간청하는 거대한 군대의 일원이 되어야 하지 않을까요? 초대교회의 사도들처럼 하나님이 풍성한 응답을 보내실 때까지 당신 역시 "기도를 계속하고 기도에 감사함으로 깨어 있으라"(골 4:2)는 말씀을 그대로 따르지 않겠습니까? 우리가 "기도를 계속하고 기도에 감사함으로 깨어 있으라"는 말씀대로 따를 때 "볼지어다. 내가 세상 끝날까지 너희와 항상 함께 있으리라"(마 28:20)는 약속의 능력이 우리 삶 가운데서 충분히 증명될 것입니다.

새벽을 파수하는 마리아의 기도

"예수께서 마리아야 하시거늘 마리아가 돌이켜 히브리말로

랍오니 하니(이는 선생님이라는 말이라)"(요 20:16). 마지막으로 우리
는 기도의 능력을 보충하기 위해서 막달라 마리아에게 찾아오신 부활
하신 구세주의 현현을 만날 필요가 있습니다. 막달라 마리아는 "너는
내 머리에 감람유도 붓지 아니하였으되 그는 향유를 내 발에 부었느니
라"(눅 7:46)는 극진한 사랑을 보인 여인입니다. 그럼으로써 "내가 네
게 말하노니 그의 많은 죄가 사하여졌도다. 이는 그의 사랑함이 많음이
라. 사함을 받은 일이 적은 자는 적게 사랑하느니라"(눅 7:47)고 예수
님께 한없는 칭찬을 받은 여인입니다.

마리아에게 새벽을 파수하는 기도가 무엇을 의미했을지 한번 생각
해 보십시오. 그것은 바로 사랑을 추구하셨던 주님을 발견할 때까지 쉬
지 않고 뜨겁게 어떤 사랑을 갈망했다는 증거입니다. 그것은 다른 모든
것과 따로 떨어져 혼자 보냈다는 의미입니다. 그것은 놀라운 약속을 단
단히 붙잡은 마음을 포기하지 않으려는 믿음과 대적하는 두려움과도
맞서 싸웠다는 의미입니다.

그것은 그리스도께서 다시 오셔서 다음과 같은 약속을 성취하신다
는 의미입니다. "사람이 나를 사랑하면 내 말을 지키리니 내 아버지께
서 그를 사랑하실 것이요 우리가 그에게 가서 거처를 그와 함께하리라.
나도 그를 사랑하여 그에게 나를 나타내리라"(요 14:23, 21). 그것은 바
로 마리아의 사랑이 그리스도의 사랑으로 충족되었으며, 예수 그리스
도께서 부활하신 생명을 통하여 보여주신 모든 권능 안에서 마리아는
주님을, 곧 살아계신 주님을 발견하게 되었다는 뜻입니다.

그것은 우리 주님이 하나님 아버지께로, 신성하고 전능하신 영광의 생명으로 올라가겠다고 말씀하신 것을 이제 마리아가 충분히 이해했다는 의미입니다. 그것은 또한 주님께 직접 들은 말씀을 제자들에게 가서 알리라는 주님의 명령을 마리아가 그대로 받아들였다는 의미입니다.

부활하신 주님이 자신을 첫 번째로 드러내기를 기다렸던 새벽 시간은 그때 이후로 수많은 영혼의 새벽을 파수하는 기도시간이 의미했던 것에 대한 예언이자 보증이 되었습니다! 두려움과 의심 속에서, 그러나 불타는 사랑과 강력한 소망을 가지고 우리 주님이 그분의 부활 생명을 불어넣어 주시고, 영광의 주님으로서 그분 자신을 현현하실 때까지 새벽을 파수하던 기도자들은 한결같이 기다렸습니다.

이 파수꾼들은 미약한 인간적인 이해력 때문에 우리 주님을 거의 제대로 알지 못했습니다. 하지만 우리 주님이 그들에게 새로운 숨결을 불어 넣으셨을 때 어떤 말이나 생각이 아니라 신적인 체험이라는 실재를 경험하게 되었습니다. 이것을 통하여 "하늘과 땅의 모든 권세를"(마 28:18) 가지신 우리 주님께서 이제 우리 안에 거하시는 그분의 영속적인 임재를 계속해서 보장해 주신다는 사실을 깨닫게 되었습니다.

그렇다면 이제 우리는 무엇을 깨달아야 할까요? 그것은 바로 우리 주님을 훨씬 더 크게 사랑한다는 사실을 증명할 수 있는 것은 오직 그분만으로 만족하며 모든 것을 희생하는 사랑밖에 없다는 점을 명확히 인식해야 합니다. 예수 그리스도께서 그분 자신을 현현하시는 것은 바로 그와 같은 사랑입니다. 그분은 "우리를 위하여 자신을 버리사 향기로운 제물과 희생제물로 하나님께 드리"(엡 5:2)셨습니다.

　　그리스도의 사랑이 제대로 모습을 드러내기 위해서는 우리의 사랑이 필요합니다. 그분이 "볼지어다. 내가 세상 끝날까지 너희와 항상 함께 있으리라"(마 28:20)고 말씀하시는 것은 바로 우리 사랑에 대해서입니다. 그와 같은 말씀을 받아들이고 즐거워하면서 그 말씀대로 살아가도록 하는 것은 바로 사랑입니다. 그 사랑을 통해서 우리의 기도는 더할 수 없는 영적 능력을 갖게 됩니다.

특·별·수·록·1

:
:
.

머레이가 말하는
〈조지 뮬러의 기도 응답 비밀〉

이 글은 기도와 성령의 사람 앤드류 머레이가 1886년에 쓴 글로써
조지 뮬러의 기도에 담긴 응답의 비밀을 아주 객관적으로 서술해 놓은 글입니다.

현재에서는 제대로 이해되지도 실행되지도 않는 참신한 진리를 교회에 가르쳐주고 싶어 하실 때 하나님은 말과 행동을 통하여 그 축복에 대한 살아 있는 증거가 될 수 있도록 한 사람을 세움으로써 대부분 그렇게 하신다. 그러므로 하나님은 19세기에 다른 사람들 사이에서 이 조지 뮬러를 세우셔서 하나님이 실제로 기도를 들으시는 분임을 보여주는 증인으로 삼으셨다. 나는 기도와 관련하여 하나님의 말씀에 담긴 주요한 진리들이 조지 뮬러의 삶을 비롯하여 뮬러가 자기의 기도 체험에 관하여 언급하는 이야기를 간략히 개관하는 것보다 더 효과적으로 설명하고 정립할 수 있는 다른 방법을 알지 못한다.

조지 뮬러는 1805년 9월 25일 프러시아에서 태어났으며, 지금 나이는 80세이다(이 짧은 글은 앤드류 머레이가 1886년에 쓴 글이다 – 편집자 주). 심지어 신학생으로서 할레대학교에 들어간 이후에도 초창기 시절에는 지극히 심술궂은 사람이었다. 겨우 스무 살 무렵이던 어느 날 저녁, 친구의 인도로 한 기도회에 참석하여 깊은 감동을 받은 이후로 얼마 지나지 않아 뮬러는 인격적으로 구세주를 알게 되는 축복을 누리게 되었다. 그로부터 오래지 않아 조지 뮬러는 선교사들의 보고서를 읽기 시작하였으며, 얼마 후에는 유대인들에게 기독교를 전파하기 위하여 런던선교학회에 자기 자신을 헌신하게 되었다.

처음에는 학생으로 받아들여지게 되었지만 머지않아 그 학회의 규정에 따라 모든 것을 순복할 수 없다는 사실을 발견하게 되었다. 그 규정은 성령님의 인도하심에 대해 너무나 적은 여지와 자유를 남겨놓았기 때문이다. 그리하여 이러한 연관성은 상호 동의 아래 1830년에 끝나고 말았으며 그 뒤 뮬러는 테인머스에서 조그만 회중을 돌보는 목회자가 되었다. 1832년에는 브리스톨로 인도를 받았으며, 고아원과 다른 사역으로 인도받았던 베데스다 채플의 목회자가 되었다. 그와 관련하여 하나님은 조지 뮬러를 너무나 놀랍게 인도하여 하나님의 말씀을 신뢰하고 하나님이 그 말씀을 어떻게 성취하시는지를 체험하게 하셨다.

조지 뮬러의 영성생활과 관련한 몇 가지 발췌문은 기도에 관한 뮬러의 경험 중에서 우리가 특별히 인용하고 싶은 것들에 대한 길을 열어준다.

"이와 관련하여 주님은 내가 경건생활을 시작하는 바로 그 순간부터 아주 은혜롭게 나에게 영적인 것들에 대한 단순함이라는 척도와 어린아이 같은 성향이라는 기준을 허락해 주셨다. 그래서 내가 지나칠 정도로 성경에 무지하여 아직도 시시때때로, 심지어 외적인 죄악으로 넘어지는 동안에도 기도하고 계시는 주님에게 아주 세세한 문제라도 여전히 가지고 나아갈 수 있었다. 그리고 '육체의 연단은 약간의 유익이 있으나 경건은 범사에 유익하니 금생과 내생에 약속이 있느니라'(딤전 4:8)는 사실을 발견하게 되었다. 비록 매우 연약하고 무지하기는 하지만, 그럼에도 여전히 하나님의 은혜로 나에게는 지금 다른 사람들에게 유익을 끼치고 싶다는 소망이 어느 정도 자리 잡고 있으며, 한때는 너무나 성실하게 사탄을 섬겼던 사람이 이제는 그리스도를 위하여 영혼을 얻기 위해 분투하고 있다."

조지 뮬러가 하나님의 말씀을 활용하는 법과 그 말씀을 더욱 명확하게 깨닫도록 하나님이 허락하신 선생으로서 성령님을 신뢰하는 법을 깨닫도록 인도함을 받은 것은 테인머스에서였다. 그 당시를 뮬러는 이렇게 기록하고 있다.

"그때 하나님은 오직 하나님의 말씀만이 영적인 문제에서 우리의 판단 기준이라는 사실을 나에게 보여주기 시작하셨다. 또한 그 말씀은 오직 성령님을 통해서만 설명될 수 있으며, 이전 시대뿐만 아니라 우리 시대에도 그건 역시 마찬가지라는 사실을 나에게 보여주셨다. 성령님은 하나님의 백성들을 가르치는 선생이셨다. 그 이전에 나는 이와 같은 성령님의 직분을 경험적으로 이해하지 못했었다.

그것은 특히 이와 같은 후자의 요점을 이해하기 위한 출발점이었으며, 나에게 커다란 영향을 끼치게 되었다. 왜냐하면 주님은 내가 각종 주석과 거의 모든 다른 책들을 옆으로 제쳐두고 단순히 하나님의 말씀만을 읽고 공부하게 하심으로써 그것을 경험으로 시험해 볼 수 있게 하셨다.

그 결과는 내가 성경 말씀에 따라 기도하고 묵상하는 일에 나 자신을 드리기 위하여 내 방문을 걸어 잠근 첫째 날 저녁에, 단 몇 시간도 지나지 않아서 이전에 여러 달에 걸쳐 했던 것보다 더 많은 것을 배우게 되었다. 그러나 특별한 차이점은 그렇게 함으로써 나는 내 영혼에 실질적인 힘을 얻었다는 점이다. 이제 내가 배우고 보았던 것들을 성경으로 시험하려 노력하기 시작하였으며, 그 시험을 이겨낸 그러한 원리들만이 참된 가치가 있다는 사실을 발견하게 되었다."

하나님의 말씀에 순종하는 것에 대하여, 세례(침례)받는 것과 관련하여 조지 뮬러는 다음과 같이 기록하고 있다.

"내가 성경에서 무엇을 발견하든지 간에 내 삶을 통해 기꺼이 실행하려는 그와 같은 상태로 내 마음을 변화시킨 것은 물론 하나님의 풍성하신 자비이기는 했지만 하나님을 기쁘시게 하였다. '나는 그분의 뜻대로 행할 것'이라고 말할 수 있었으며, 내가 믿기로 '어느 교리가 하나님께로부터 말미암은 것인지'를 알게 되었던 이유도 바로 그 때문이었다. 그런데 여기서 나는 방금 전에 넌지시 언급했던 단락이 우리의 가장 거룩한 믿음에 대한 수많은 교리와 교훈들에 관하여 나에게 가장 놀라운 언급들이었음을 관찰하게 되었던 것이다(요 7:17 참조).

예를 들면 '나는 너희에게 이르노니 악한 자를 대적하지 말라. 누구든지 네 오른편 뺨을 치거든 왼편도 돌려대며 또 너를 고발하여 속옷을 가지고자 하는 자에게 겉옷까지도 가지게 하며 또 누구든지 너로 억지로 오 리를 가게 하거든 그 사람과 십 리를 동행하고 네게 구하는 자에게 주며 네게 꾸고자 하는 자에게 거절하지 말라. 또 네 이웃을 사랑하고 네 원수를 미워하라 하였다는 것을 너희가 들었으나 나는 너희에게 이르노니 너희 원수를 사랑하며 너희를 박해하는 자를 위하여 기도하라'(마 5:39-44). '너희 소유를 팔아 구제하여 낡아지지 아니하는 배낭을 만들라. 곧 하늘에 둔 바 다함이 없는 보물이니 거기는 도둑도 가까이 하는 일이 없고 좀도 먹는 일이 없느니라'(눅 12:33). '피차 사랑의 빚 외에는 아무에게든지 아무 빚도 지지 말라. 남을 사랑하는 자는 율법을 다 이루었느니라'(롬 13:8)는 말씀들이다.

그러나 '확실히 이러한 구절의 말씀들은 문자 그대로 취할 수는 없지 않겠는가? 왜냐하면 그렇게만 한다면 도대체 어떻게 하나님의 백성들이 세상을 뚫고 들어갈 수 있겠는가?'라고 말할 수도 있을 것이다. 하지만 '사람이 하나님의 뜻을 행하려 하면 이 교훈이 하나님께로부터 왔는지 내가 스스로 말함인지 알리라'(요 7:17)는 말씀에서 명령하는 마음 상태는 그러한 이의 제기를 사라지게 만든다. 우리 주님의 이러한 명령을 기꺼이 문자 그대로 실행하려는 사람들은 내기 믿기에 누구든지 나와 마찬가지로 문자 그대로 이 명령을 받아들이는 게 하나님의 뜻임을 깨닫게 될 것이다.

흔히 이런 식으로 하나님의 명령을 취하는 사람은 틀림없이 여러 가지 어려움에 봉착하게 되는데, 그것들은 육신으로 꾕장히 견디기 힘들일이다. 그러나 이러한 상황들은 끊임없이 그 사람에게 여기 이 세상에서는 낯선 자이며 순례자이고, 이 세상은 본향이 아니라고 느끼게 만든다. 그리하여 하나님에게 더 많은 것을 내던지게 한다. 왜냐하면 바로 그 하나님이 어떤 난관이라도 능히 헤쳐 나갈 수 있도록 확실히 도와주실 것이라 믿기 때문이다."

하나님의 말씀에 대한 이와 같은 절대적인 순복은 물질과 관련하여 확실한 관점과 행위로 조지 뮬러를 인도하였으며, 그것이 뮬러의 인생에 강력한 영향을 미쳤다. 그것은 우리가 돈에 관해서는 단지 하나님의 청지기일 뿐이며, 그러므로 모든 돈은 하나님과 직접적으로 교제하는 가운데 받고 나눠주어야 한다는 확신 속에 견고히 뿌리를 내리게 했다. 이것은 조지 뮬러로 하여금 다음과 같은 4가지 커다란 규칙 안에서 행하도록 인도했다.

첫째, 어떤 고정적인 사례도 받지 말자. 그런 사례를 받으려고 하다 보면 상당히 많은 경우에 하나님을 섬기는 일이 유지되도록 하기 위한 자유로운 헌금에 문제가 생길 수 있다. 그뿐만 아니라 그런 사례를 받으려고 하다 보면 살아계신 하나님 자신을 신뢰하기보다는 인간적인 수입원에 더 많이 의존하게 되는 위험성이 상존하기 때문이다.

둘째, 어떤 인간적인 도움도 요청하지 말자. 아무리 그 필요성이 크다 할지라도, 오히려 조지 뮬러는 그분의 종을 돌보며 그 종들의 기도를 듣겠다고 약속하신 하나님께 자신의 부족함을 아뢰었다.

셋째, "네 소유를 팔아 가난한 자들에게 주라"(마 19:21, 막 10:21, 눅 18:22)는 이와 같은 명령을 문자 그대로 받아들이기 위해서는 절대로 돈을 저축하지 않고, 오히려 하나님이 자신에게 맡긴 모든 물질을 그때그때 하나님의 가난한 자들과 하나님 나라의 일에 전부 쓰는 것이 올바른 순종이다.

넷째, 또한 "피차 사랑의 빚 외에는 아무에게든지 아무 빚도 지지 말라. 남을 사랑하는 자는 율법을 다 이루었느니라"(롬 13:8)는 말씀을 문자 그대로 받아들이기 위해서는 절대로 신용카드나 빚을 내 물건을 구입하는 대신, 오히려 하나님의 공급하심을 신뢰하자.

이와 같은 생활 방식이 처음에는 그리 녹록지 않았다. 그러나 뮬러는 하나님 안에서 안식하기 위하여 그분 앞으로 나아와 뒷걸음질 치고 싶은 유혹을 받을 때마다 하나님과 더욱 친밀한 연합으로 나아가는 영혼이 가장 복되다는 사실을 입증했다. 왜냐하면 죄악 가운데 살아가면서 하나님과 친교를 나누며, 현재에 필요한 모든 것을 하늘로부터 가지고 내려오는 것은 그럴 법하지도 않았고 가능하지도 않았기 때문이다.

뮬러는 브리스톨에 정착한 지 얼마 지나지 않아 국내 및 해외를 위한 성경지식연구원(The Scriptural Knowledge Institution)을 설립하여 주중학교, 주일학교, 선교사역, 성경사역 등의 사역을 했다. 이 단체의 사역 가운데에서 조지 뮬러를 가장 널리 알려지게 했던 고아원사역은 그 가지 가운데 하나가 되었다. 뮬러가 여러 학교 가운데 한 곳에서 그리스도께로 인도되었으나 영적인 필요를 전혀 공급받지 못하고, 어쩔 수 없이 아동보호소로 보내져야 했던 어떤 고아의 경우로 말미암아 마음에 커다란 부담을 느낀 것은 1834년이었다. 그리고 고아원사역을 직접하고 있던 프랑케(Franke)를 만난 직후에 뮬러는 이렇게 기록했다(1835년 11월 20일).

"오늘 나는 이제 더 이상 고아원을 세워야겠다는 마음만 품지 않고, 일단 그 일을 착수해야겠다고 다짐하게 되었다. 하나님의 마음을 분별하기 위하여 그런 생각을 존중하면서 상당히 많은 기도를 쌓아 오고 있었다. 하나님이여, 당신의 뜻을 밝히 드러내소서."

다시 한번 25일 자 일기에서는 이렇게 기록하고 있다.

"나는 어제와 오늘에 걸쳐 고아원에 관하여 다시금 상당히 많이 기도했다. 그러면서 점점 더 그게 하나님의 뜻이라는 확신을 품게 되었다. 하나님이여, 자비를 베푸셔서 저를 인도하여 주소서. 거기에는 다음과 같은 3가지 주요한 이유가 있다. 첫째, 하나님이 영광 받으실 것이라는 점, 나에게 그러한 수단들을 제공하시면서 하나님이 기뻐하심에 틀림없는 것, 하나님을 신뢰하는 것은 쓸데없는 짓이 아니라는 사실이 분명히 드러나게 된 점, 그리하여 하나님 자녀들의 믿음도 역시 강해질 수 있다는 점. 둘째, 아버지와 어머니가 없는 자녀들의 영적 전쟁을 위하여. 셋째, 그 아이들의 일시적인 전쟁을 위하여."

하나님을 기다리면서 몇 달 동안 기도한 뒤 35명의 아이들을 위한 공간을 갖춘 집 한 채를 임대하였다. 그 후 석 달이라는 시간이 더 흐르는 과정에서 전부 120명의 아이들을 받아들이게 되었다. 그 사역은 10년 동안 이런 식으로 계속 진행되었으며, 오직 하나님께만 고아들에게 필요한 모든 것을 공급해 달라고 요청했다. 그것은 종종 절박한 필요와 간절한 기도의 시간이기도 했지만 금보다 더 귀한 믿음의 시험은 하나님을 찬양하고 그분께 모든 영광을 돌리도록 하였다. 하나님은 이런 뮬러를 위해 더 큰 일을 준비하고 계셨다.

하나님의 섭리와 성령으로 말미암아 조지 뮬러는 사랑의 하나님으로부터 300명의 아이들을 받아들일 수 있는 집을 구하는 데 필요한 1만 5천 파운드를 확실하게 약속받을 때까지 하나님을 바라면서 기다리도록 인도하심을 받았다. 이 첫 번째 집을 1849년에 열었다. 1858년에는 950명 이상의 고아들을 위하여 3만 5천 파운드의 비용을 들여서 두 번째, 세 번째 집을 열었다. 그리고 1869년과 1870년에는 850명의 고아들을 위하여 네 번째와 다섯 번째 집을 열었는데 이번에는 5만 파운드의 비용이 들었다. 그리하여 총 2,100명의 고아들을 받아들일 수 있게 되었다.

이 사역과 더불어 하나님은 조지 뮬러에게 고아원 건축, 고아들을 돌보는 일, 또 다른 사역, 각종 학교와 선교단체 후원, 성경과 전도용 소책자 발행과 배포와 같은 아주 많은 일을 주셨다. 이 모든 일을 통하여 조지 뮬러는 50년 동안 하나님의 일을 할 수 있도록 하나님으로부터 영국 돈으로 1백만 파운드 이상을 받았다. 조지 뮬러가 하나님의 말씀과 성령의 인도하심에 순종하여 1년에 겨우 35파운드라는 조그만 사례비를 포기했을 때 하나님이 그런 순종과 믿음에 대한 보상으로 뮬러에게 허락하기 위하여 준비해 놓으셨던 것을 주의 깊게 주목해보라. 아마 뮬러는 꿈에도 상상하지 못한 선물들이었을 것이다.

이 얼마나 놀랍도록 하나님의 말씀이 조지 뮬러에게 성취되었단 말인가! "그 주인이 이르되 잘하였도다. 착하고 충성된 종아 네가 적은 일에 충성하였으매 내가 많은 것을 네게 맡기리니 네 주인의 즐거움에 참여할지어다"(마 25:23).

　그런데 이러한 일들은 우리에게 본보기를 보여주기 위하여 일어났다. 하나님은 우리도 역시 조지 뮬러의 본보기를 따르는 자들이 되라고 부르고 계신다. 비록 조지 뮬러는 그리스도의 본보기를 따랐을지라도 말이다. 뮬러의 하나님은 역시 우리의 하나님이기도 하며, 그와 동일한 약속은 우리에게도 역시 허락하신 것이다. 조지 뮬러가 수고한 그와 같은 사랑과 믿음의 섬김은 모든 측면에서도 우리를 위한 부르심이기도 하다.

　그리스도의 기도학교에서 우리가 배운 교훈들과 관련하여 하나님이 기도의 사람인 조지 뮬러에게 그토록 놀라운 능력을 베푸신 방식을 한번 찬찬히 공부해보라. 우리가 하나님의 말씀 안에서 복되신 주님과 함께 지금까지 쭉 공부해 온 몇몇 교훈의 가장 놀랍고 자세한 설명이 그 안에 들어 있음을 발견하게 될 것이다.

　우리는 우리를 향하신 주님의 가장 큰 교훈에 특별한 인상을 받게 되는데, 만약 우리가 하나님의 뜻을 따라서, 하나님의 말씀을 통하여, 성령으로 말미암아 우리에게 알려주신 대로 명확한 기도 제목을 가지고 하나님이 지시하시는 방식으로 그분께 나아간다면 우리는 무엇이든지 구하는 대로 이루어질 것이라는 매우 커다란 확신을 가질 수 있을 것이다.

영원한 하나님의 말씀을 의지하라

하나님이 우리의 기도에 응답하시는 것은 우리가 하나님의 음성을 얼마나 경청하느냐에 따라 달려 있다는 사실을 지금까지 여러 차례 주목해 왔다. 우리는 특별한 기도 제목을 가지고 간구하러 나아갈 때 특별한 약속의 말씀을 붙잡아야 한다. 그뿐만 아니라 우리의 모든 삶이 그 말씀의 주권 아래 머물러 있어야 한다. 그 말씀이 우리 안에 내주해 있어야 한다. 바로 이 점에 관한 조지 뮬러의 간증은 매우 교훈적이다. 조지 뮬러는 하나님의 말씀과 그에 관한 성령의 가르침이 차지해야 할 진정한 자리를 발견함으로써 영성생활에서 어떻게 새로운 시대를 시작하게 되었는지를 우리에게 말해준다. 그에 관하여 조지 뮬러는 이렇게 기록하고 있다.

"이제 성경적인 방식의 추론은 이런 식으로 전개되어야 한다. 하나님 자신이 창시자가 되기 위하여 이 땅에 내려오셨으며, 성령이 그분의 종들을 도구로 사용하여 기록할 수밖에 없었던 그 소중한 책에 대하여 나는 무지하지만, 거기에는 내가 알아야 하는 것과 나를 참된 행복으로 인도하는 지식이 포함되어 있다. 그러므로 나는 이처럼 가장 소중한 책을, 이 책 중의 책을, 아주 간절한 마음으로, 기도하는 마음으로 깊이 묵상하면서 읽고 또 읽어야 한다. 그리고 이와 같은 훈련을 통하여 내 삶을 하루 종일 꾸려가야 한다. 왜냐하면 그 책을 단지 조금밖에 읽지 않았기에 그 책에 관하여 거의 아무것도 모른다는 사실을 깨달았기 때문이다. 그러나 그 책을 더 많이 공부하기 위하여 하나님의 말씀에 관한 무지로 말미암아 인도함을 받아서 이런 식으로 반응하는 대신에, 내가 성경을 이해하면서 겪는 어려움과 그 책에서 별다른 기쁨을 누리지 못하는 것은 나로 하여금 성경책을 읽는 일에도 그다지 많은 주의를 기울이지 못하게 만들었다. 왜냐하면 굉장히 많이 기도하는 마음으로 하나님의 말씀을 읽는 것은 단지 더 많은 지식을 제공할 뿐만 아니라 그 책을 읽으면서 얻는 기쁨을 키워주기 때문이다.

그러므로 다른 많은 성도와 마찬가지로 나는 실제로 경건생활을 시작한 지 처음 4년 동안에는 살아계신 하나님의 여러 가지 신탁에 영감받지 않은 사람들의 작품을 더 좋아했다. 그와 같은 실패는 지식과 은혜 두 영역 모두에서 나를 어린아이로 남아 있게 하였다. 이를테면 지식에서도 모든 참된 지식에 관하여 성령님을 통해 하나님의 말씀에서 유래를 찾아야 했다. 그런데 내가 그 말씀을 무시했을 때 거의 4년 동안 굉장히 무식해져서, 심지어 우리의 거룩한 믿음에 관한 아주 기본적인 요점들조차도 분명히 파악할 수 없었다."

"그런데 가장 슬픈 일은 이와 같은 지식의 부족은 꾸준히 하나님의 길을 걸어가지 못하도록 뒤처지게 만들었다는 사실이다. 왜냐하면 내가 1829년 8월에 사실상 성경으로 다시 돌아오자 주님은 매우 기뻐하셨으며, 그로 말미암아 내 삶과 품행이 굉장히 달라졌다. 또한 비록 그때 이후로 내가 마땅히 서 있어야 하는 모습에는 상당히 많이 못 미치기는 했지만 하나님의 은혜로 나는 이전보다 훨씬 더 많이 하나님과 가까운 곳에서 살아갈 수 있게 되었다. 만약 어떤 성도들이 실제로 거룩한 성경책보다 다른 책들을 더 좋아하며, 하나님의 말씀보다 훨씬 더 많이 사람들의 작품을 읽는다면 그 사람들은 나의 실패를 통해 경고받을 수 있을지도 모르겠다."

"이 주제를 떠나기 전에 나는 한마디를 덧붙이고 싶다. 만약 어떤 독자가 하나님의 말씀에 대해 아주 조금밖에 이해하지 못하는 경우라면 그 사람은 성경책을 상당히 많이 읽어야 할 것이다. 왜냐하면 성령님이 말씀으로 말씀을 설명하실 것이기 때문이다. 그런데 만약 그 사람이 조금씩 성경 말씀을 읽는 것을 즐거워한다면 성경을 자주 읽으면서 그로 말미암아 기쁨을 찾을 수 있기에 그는 점점 더 많이 성경을 읽고 싶어 하게 될 것이다. 다른 무엇보다 그 사람은 오직 하나님만이 성령을 통하여 자신을 가르칠 수 있다는 사실을 자기 자신의 마음속에서 확정하려고 애써야 하며, 그러므로 하나님께 축복을 달라고 기도할 때 그 사람은 성경을 읽기 전부터, 또한 성경을 읽는 동안에도 하나님의 축복을 구하게 될 것이다."

"더구나 비록 성령님이 가장 좋고 충분한 선생님이기는 하지만, 그럼에도 이 선생님은 언제나 우리가 원할 때마다 즉각적으로 가르쳐주지는 않으신다는 사실을 자기 마음속으로 확정해야 했을 것이다. 그러므로 우리는 어떤 특정한 단락에 대하여 자꾸만 반복해서 그분께 여쭈어봐야 할 수도 있다. 그래야 성령님은 우리에게 명확하게 가르쳐주실 것이다. 만약 우리가 정말로 기도하는 마음으로, 참을성 있게, 하나님의 영광을 바라보면서 빛을 찾기만 한다면 말이다."

우리는 조지 뮬러가 일기를 통해 자신의 영성생활을 살찌우기 위하여 하나님의 말씀을 붙들고 기도하느라 두세 시간씩 보내게 되었다는 언급을 자주 발견하게 된다. 이와 같은 기도생활의 열매로써 뮬러는 기도 가운데 힘과 격려가 필요할 때는 하나님 아버지의 살아 있는 음성으로 들었던 살아 있는 말씀들을 들었으며, 이제 그로 말미암아 뮬러는 살아 있는 신앙을 가지고 하나님 아버지께로 나아올 수 있게 되었다.

오롯이 하나님의 뜻을 분별하라

어린 성도들이 겪는 큰 어려움 중 하나는 자신이 원하는 게 하나님의 뜻에 따른 것인지 아닌지의 여부를 도대체 어떻게 알 수 있는지 하는 것이다. 나는 그것이 하나님이 조지 뮬러의 경험을 통하여 가르치길 원하시는 소중한 교훈들 가운데 하나라고 생각한다. 하나님이 말씀에서 직접 언급하지 않으신 것 중에서 기꺼이 우리에게 알려주길 원하시는 교훈이라고 생각한다. 그것이 바로 우리를 향한 하나님의 뜻이며 우리가 얼마든지 구할 수 있는 것이다.

성령의 가르침은 말씀을 배제하거나 어긋나지 않으며 오히려 그 말씀을 뛰어넘어 초월하는 것이다. 그리고 그 말씀에 더하는 것이며, 그것 없이는 우리가 하나님의 뜻을 알 수 없기에 모든 성도가 물려받아야 할 유산이다. 성령이 우리의 특별한 필요에 일반적인 원칙이나 약속을 적용함으로써 가르치시는 것은 오직 말씀을 통해서이다. 실제로 우리가 가는 길에 말씀을 빛으로 만들 수 있는 분은 오직 성령뿐이시다. 그것이 우리가 일상에서 의무적으로 걸어가야 하는 길이든, 아니면 믿음으로 하나님께 가까이 나아가야 하는 길이든 상관없이 말이다. 그러므로 우리는 그분의 종에게 너무나 확실하고 명확하게 알려주시는 하나님의 뜻을 발견하기 위하여 어린아이 같은 단순함과 온순함으로 나아가야 한다.

하나님의 뜻이라는 확신 속에서 첫 번째 고아원을 건축하는 것과 관련하여 조지 뮬러는 1850년 5월, 그 고아원이 문을 연 직후에 그때까지 겪었던 여러 가지 큰 어려움에 관하여 이야기했다. 하지만 그런 어려움이 자연스럽게 사라진 상태에서는 그 어려움이 얼마나 자그맣게 보일 수밖에 없었는지를 찬찬히 기록하고 있다.

"그러나 내 앞에 있는 가능성이 나를 압도하는 동안 나는 그것을 아주 자연스럽게 바라보았으며, 그것이 어떻게 귀결될 것인지에 관하여 단 한 번도 의문을 품지 않았다. 왜냐하면 나는 그 출발점에서부터 하나님을 위하여 이처럼 거대한 고아원을 건축하는 일로 나아가야 하는 것이 하나님의 뜻이라고 확신했기 때문이다. 나는 그 시작에서부터 마치 고아원이 벌써 아이들로 가득 채워진 것처럼 전체 과정을 순조롭게 마칠 수 있을 것이라 확신했다."

무엇이 하나님의 뜻이었는지를 발견하는 조지 뮬러의 방법은 특히 두 번째 고아원을 건축하는 과정에 대한 그의 언급에서 아주 명확하게 드러나 있다. 나는 독자들에게 이 이야기가 전해주는 교훈을 주의 깊게 공부하도록 요청하는 바이다.

"1850년 12월 5일. 이러한 상황들 아래서 나는 다정다감하게 자비를 베푸시는 주님께 나를 통하여 사탄이 유익을 얻는 일이 없도록 간절히 기도할 수밖에 없었다. 하나님의 은혜로 내 마음은 이렇게 말하고 있었다. '주님, 이 문제에서 제가 전진하는 게 주님의 뜻이라는 사실을 확실할 수만 있다면 저는 기쁜 마음으로 그렇게 할 수 있습니다. 그런데 다른 한편으로 만약 이것들이 헛되고 어리석고 교만한 생각이라면, 그것들이 당신으로부터 온 게 아니라 사탄의 유익을 위하는 일이라면 저는 당신의 은혜로 그것들을 싫어하면서 완전히 그만둘 것입니다.'"

"내 소망은 하나님 안에 있다. 하나님이 나를 도와주시고 가르쳐주실 것이다. 그러나 하나님이 이전에 나를 다루셨던 것들로 판단해 보았을 때 만약 하나님이 여전히 이런 식으로 훨씬 더 많이 수고하도록 나를 부르셨다면 그건 나에게 전혀 이상한 일이 아니다."

"고아원 사역을 더욱 확장하려는 생각은 최근에 재정 후원이 많이 들어왔다고 해서 품은 생각이 아니다. 왜냐하면 나는 최근에 약 7주 동안이나 하나님을 기다리고 있었기 때문이다. 그동안 조금씩, 상대적으로 아주 조금씩, 곧 이전에 들어왔던 것보다 4배 정도나 더 많은 지출이 생겨나고 있었기 때문이다. 주님이 이전에 나에게 많은 돈을 보내주시지 않았더라면 우리는 정말 커다란 곤란에 빠질 수밖에 없었을 것이다."

"주님! 이 문제에서 당신의 종이 어떻게 당신의 뜻을 알 수 있을까요? 당신은 저와 같은 종을 가르치기를 기뻐하지 않으십니까? 저에게 가르쳐주소서!"

"12월 11일. 마지막 6일 동안 앞에서 언급한 이후로 나는 줄곧 날마다 이 문제에 관하여 하나님을 기다리고 있었다. 그것은 일반적으로 온종일 내 마음속에 어느 정도 자리 잡고 있었다. 밤에 깨어 있을 때도 그건 결코 내 생각에서 멀어지지 않았다. 그러나 이 모든 일에 별다른 흥분도 찾아오지 않았다. 나는 그 문제에 관하여 이상할 정도로 고요하고 차분한 상태를 유지할 수 있었다. 내 영혼은 이와 같은 섬김에서 전진하고 있다는 사실을 기뻐하고 있었다. 그러면서 주님이 나에게 그렇게 하도록 시키셨다는 확신을 가질 수 있었다. 그래서 이때 수없는 어려움에도 모든 일이 잘될 것이며 하나님의 이름이 찬양을 받으실 것이라 믿게 되었다."

"다른 한편으로 주님은 현재 활동 범위에 대해 나로 하여금 만족하게 하실 것이며, 내가 그 일을 더욱 확장하는 것과 관련하여 기도해서는 안 된다고 확신하고 있었다. 그런데 하나님의 은혜로 별다른 노력 없이도 거기에 기쁜 마음으로 순복할 수 있었다. 주님이 나를 그와 같은 마음 상태로 인도하셔서 나는 이 문제에 관하여 오직 그분만을 기쁘게 하기를 소망하고 있다. 더욱이 지금까지 나는 이 일에 관하여, 심지어 사랑하는 아내에게까지도 아무런 언급이나 내색조차 하지 않았다. 또한 앞으로 한동안 그렇게 할 수 있을 것 같다. 왜냐하면 나는 이 주제에 관하여 아무런 대화도 나누지 않았고, 오직 주님만을 잠잠히 기다리는 것을 더 좋아하기 때문이다. 이런 식으로 하나님의 은혜로 외부의 일들로부터 영향을 받지 않고, 훨씬 더 쉽게 자신을 지킬 수 있게 하려면 말이다. 이 문제에 관하여 내가 기도하면서 느끼는 부담은 주님이 그분의 뜻대로 행할 수 있도록 나를 가르쳐 달라는 것이었다. 내가 아무런 실수도 저지르지 않도록 해달라는 것이었다."

"12월 26일. 내가 이전 단락을 기록한 지도 벌써 15일이라는 시간이 지났다. 그때 이후로 날마다 나는 이 문제에 관하여 계속해서 기도했다. 하나님의 도우심으로 간절한 마음이라는 멋진 수단을 활용하여 그렇게 했다. 이렇게 깨어 있는 날 동안에는 이 문제가 내 앞에 조금이라도 얼쩡거리지 않았던 시간은 거의 없었다. 그러나 조그만 흥분의 그림자도 전혀 없었다. 나는 그에 관하여 누구와도 대화를 나누지 않는다. 지금까지 나는 사랑하는 아내와도 그런 대화를 나눈 적이 한 번도 없다. 이를 위하여 나는 가만히 삼가고 있을 뿐이며, 그 문제에 대하여 오직 하나님만이 다루실 수 있다고 생각하고 있다. 어떤 외부의 영향력도 하나님이 그분의 뜻을 나에게 명확하게 보여주실 것이라는 확신을 흔들지 못한다."

"오늘 저녁 나는 특별히 하나님의 뜻을 알기 위한 중대한 시기를 맞이하고 있다. 그러나 내가 이 사업에 현혹되지 않도록 해달라고 주님께 계속해서 간구하며 부르짖는 동안, 그 문제가 어떻게 진행될 것인지에 관하여 내 마음속에 어떤 의심도 들지 않았다. 나는 오직 이 문제를 계속해서 밀고 나가야 한다는 생각밖에 다른 어떤 생각도 떠오르지 않았다. 이것이 하나님의 뜻이라면 하나님의 은혜로 몇 년이라도 기다릴 수 있을 것이다. 다른 한편으론 주님이 그렇게 하라고 명령하신다면 당장 내일이라도 그 일에 착수할 수 있을 것이다."

"이와 같은 마음의 고요함, 이처럼 그 문제에서 나 자신의 뜻을 전혀 품지 않는 것, 이렇게 그 문제에서 오직 하늘에 계신 아버지만을 기쁘게 하기를 원하는 것, 거기에서 내 명예가 아니라 오직 하나님의 영광만을 구하는 것, 이와 같은 심령의 상태는 내가 분명히 말하건대 내 마음이 어떤 육신적인 흥분 상태 아래 있지 않으며, 오직 내가 이런 식으로 계속해서 나아갈 수 있도록 도와준다. 그렇다면 이것은 하나님의 뜻을 온전히 깨달을 수 있는 가장 완전한 확신이다."

"나는 겨우 3백 명의 고아들에게 성경의 교훈을 전하는 대신 천 명의 고아들에게 그렇게 할 수 있기를 원한다. 하나님은 여전히 우리의 기도를 들어주시며 그 기도에 응답하시는 분임을, 그리고 지금까지 계속 그래 왔으며 앞으로도 쭉 그러실 것처럼 하나님은 지금도 살아계신 하나님임을 훨씬 더 풍성하게 드러낼 수 있기를 바란다. 이 마지막 고려 사항은 내 마음속에서 가장 중요한 요점이다. 주님의 명예는 이 전체 문제에서 나에게 아주 중대한 요점이다. 그리고 단지 사정이 이러하다는 이유만으로, 만약 주님이 이 일을 전혀 진전시키지 않으심으로써 훨씬 더 많은 영광을 받으실 수 있다면 나는 그분의 은혜로 또 다른 고아원과 관련한 모든 생각을 포기하더라도 전적으로 만족할 것이다. 나는 하나님의 도우심으로 이 일에 관하여 기도하는 가운데 날마다 계속해서 하나님을 기다리는데 더 많이 집중할 것이다. 하나님이 나로 하여금 행동하도록 감동을 주실 때까지 말이다."

"1851년 1월 2일. 일주일 전 나는 앞선 단락을 썼다. 이 주간 동안 나는 여전히 또 다른 고아원에 대한 주님의 인도하심을 구하기 위하여 날마다, 그리고 매일 한 번 이상씩 도움을 받고 있었다. 내 기도의 부담은 여전히 주님의 커다란 자비 가운데 주님이 내가 실수를 저지르지 않도록 지켜 달라는 것이었다. 지난 주간 잠언 말씀을 계속 읽는 중에 다음과 같은 말씀으로 이 주제에 관하여 내 마음을 시원하게 해주셨다. '너는 마음을 다하여 여호와를 신뢰하고 네 명철을 의지하지 말라. 너는 범사에 그를 인정하라. 그리하면 네 길을 지도하시리라. 스스로 지혜롭게 여기지 말지어다. 여호와를 경외하며 악을 떠날지어다'(잠 3:5-7). 하나님의 은혜로 나는 범사에, 특히 이 일에서 주님을 인정하고 있다. 그러므로 나는 주님이 이런 부분의 섬김에 관하여 내 길을 지도하실 것이라 확신하고 있다. 내가 거기에 완전히 빠져 들든지 아니든지 상관없이 말이다. 더구나 '정직한 자의 성실은 자기를 인도'(잠 11:3)하는 것처럼 하나님의 은혜로 나는 이 일에서 올바른 길로 나아가고 있다. 내 정직한 목적은 우리 주 하나님께서 영광을 받으시는 것이다. 그러므로 나는 올바른 길로 인도받기를 기대하고 있다. 더 나아가 '너의 행사를 여호와께 맡기라. 그리하면 네가 경영하는 것이 이루어지리라'(잠 16:3). 나는 주님께 내 모든 행사를 맡기고 있으며, 그러므로 내가 경영하는 모든 것이 이루어지기를 기대하고 있다. 내 마음은 주님이 고아원 사역보다 훨씬 더 많은 일에서 나를 사용하기 원하신다는 확신으로 나아가고 있다. 주님, 여기 당신의 종이 있나이다. 나를 쓰시옵소서!"

나중에 두 군데나 더 추가적인 고아원, 곧 네 번째와 다섯 번째 고아원을 짓기로 했을 때 조지 뮬러는 다시금 이렇게 기록하고 있다.

"그 마지막 단락을 기록한 이후로 훌쩍 12일이나 지났다. 지금까지 나는 여전히 고아원 사역을 확장하는 것과 관련하여 날마다 주님을 바라며 기다릴 수 있었다. 또한 나는 이 전체 기간 동안 완벽한 평안 가운데 거하고 있었는데, 그것은 이 일을 통하여 오직 주님의 명예와 동료 직원들의 영적인 유익만을 구하려고 애쓴 결과이다. 그러므로 별다른 노력 없이도 하나님의 은혜로 이 전체 일에 관한 모든 생각을 얼마든지 옆으로 제쳐둘 수 있었다. 만약 그렇게 하는 것이 하나님의 뜻이라고 확신할 수만 있다면 말이다."

"나는 여전히 이 문제를 전적으로 나 자신에게만 제한하고 있다. 비록 이제 그때 이후로 7주가 지나긴 했지만 내 마음은 날마다 그 문제를 곰곰이 생각하고 있다. 그런데 날마다 정기적으로 그 문제에 관하여 기도만 해오고 있기에 단 한 사람도 그에 관하여 알고 있지 못하다. 그러니까 심지어 사랑하는 아내에게까지 한마디도 언급하지 않았으며, 잠잠히 오직 하나님만을 바라고 있다. 이 과정에서 그 주제에 관하여 다른 사람들이 말하는 것들에 아무런 영향을 받지 않게 하려고 말이다."

"오늘 저녁은 특별히 기도하기 위하여 따로 시간을 떼어놓고 내가 이 일에서 실수하지 않도록, 더 나아가 사탄에게 현혹당하지 않도록 주님께 간구하고 있다. 그와 동시에 나도 역시 내 마음속에 떠오르는 또 다른 고아원 건축을 반대할 만한 모든 이유와 고아원 건축을 찬성할 만한 모든 이유를 찾아보려고 노력하였다. 그리고 지금 더 명확하고 분명하게 하려고 이렇게 그 이유들을 찬찬히 적어 내려가는 중이다."

"그러나 이전에는 9가지나 되는 많은 이유가 나를 짓누르고 있었지만 그게 단 하나도 없는 것처럼 나에게 아무런 영향도 미치지 못할 것이다. 그건 바로 이런 이유 때문이다. 몇 달 동안 그 문제를 곰곰이 생각해 보고, 그와 관련된 모든 사항과 온갖 어려움을 세밀히 살펴본 후로 수많은 기도를 올려드린 뒤에, 마침내 평강 가운데 이와 같은 확장을 결정하기로 인도하심을 받았기 때문이다. 끊임없이 자꾸 조르는 아이는 하늘에 계신 하나님 아버지께서 어디에 현혹되거나, 심지어 실수를 저지르도록 가만히 내버려 두지 않기 때문에 평안 가운데 거하면서 이와 같은 결정에 대하여 완벽하게 평화를 누리게 된다. 그러므로 이 결정은 순조롭게 진행될 수밖에 없으며 하나님을 신뢰하기 때문에 그 사람은 절대 좌절하지 않을 것이다. 그 사람에게도 역시 수많은 엄청난 어려움이 닥칠 수 있겠지만 완전한 응답을 얻기 전에 이미 헤아릴 수 없을 정도의 기도가 하나님께 올라가 있을지도 모르는 일이다. 상당히 많은 믿음과 인내의 훈련이 요구될 수도 있지만 결국에는 다시금 응답을 볼 수 있을 것이기에 하나님을 신뢰하는 그분의 종은 결코 실망하지 않을 것이다."

오직 하나님의 영광만을 구하라

나는 지금까지 하나님의 뜻에 따르지 않은 채로 기도함으로써 우리가 구하는 것을 응답받지 못하는 이유를 외부에서 찾으려고 애써 왔다. 하지만 성경은 우리 자신에게서 그 원인을 먼저 찾으라고 경고하고 있다. 이를테면 우리는 올바른 상태에 있지도, 올바른 영으로 구하지도 않고 있다는 것이다. 그 일이 하나님의 뜻과 완전히 일치할 수도 있지만 간구하는 자세와 간구하는 자의 영은 그렇지 않을 수도 있다. 그러므로 우리는 응답받지 못하게 된다.

모든 죄악의 거대한 뿌리는 자아이자 자기를 추구하는 자세이기에, 심지어 더 많은 영적인 갈망 속에서도 이것만큼 하나님의 응답을 너무나 효과적으로 가로막는 것은 아무것도 없다. 곧 우리가 자기 자신의 쾌락이나 영광을 위하여 기도하는 것이다. 능력과 설득력 있는 기도는 하나님의 영광을 위하여 간구해야 하며 그 사람이 하나님의 영광을 위하여 살아갈 때라야 비로소 그렇게 할 수 있다.

우리는 기도의 여정을 시작하는 순간부터 하나님께 영광을 돌리기 위하여 신중하고 체계적으로 그 사람을 인도하시는 성령님에 관한 놀라운 역사를 조지 뮬러에게서 목격하게 된다. 우리는 다음의 기록을 통해 조지 뮬러가 뭐라고 말하는지를 심사숙고하여 하나님이 우리에게 가르치기 원하시는 교훈을 배워야 한다.

"우리 시대에 하나님의 자녀들에게 특별히 필요한 것 중 하나가 그 사람의 믿음을 강하게 만드는 것임을 입증하는 사례들이 나에게 꾸준히 제시됐다. 그러므로 나는 우리 하나님 아버지께서 지금까지 그래왔던 것과 같이 신실하신 하나님이시며 이전만큼이나 지금도 역시 그분을 신뢰하는 모든 사람에게 아주 기꺼이 살아계신 하나님으로서 그분 자신을 충분히 입증하신다고 확신한다."

"내 영은 그 사람들의 믿음을 강화시키기 위한 도구로 사용되기를 갈망한다. 그분을 의지하는 모든 사람을 도와주기 위하여 그분 자신의 기꺼운 마음과 능력에 관해 하나님의 말씀으로부터 나오는 여러 가지 증거들을 그 사람들에게 제시할 뿐만 아니라 그분이 우리 시대에도 역시 동일하신 분이라는 여러 가지 증거들을 보여줌으로써 그렇게 하기를 원한다. 나는 하나님의 말씀만으로도 당연히 충분하다는 사실을 잘 알고 있으며 나에게도 은혜로 말미암아 그것은 충분했다는 사실을 잘 알고 있다. 그러나 여전히 우리 형제자매들의 돕는 손길을 빌려야 한다고 생각했다."

"그러므로 나는 그리스도의 교회에 종으로 매인 몸이라고 생각하였으며, 특히 그로 말미암아 자비, 다시 말해 그분의 말씀을 통하여 하나님을 만날 수 있으며, 그 말씀을 의지할 수 있다는 점에서 더욱 그렇다. 이 일의 첫 번째 목적은 이전뿐만 아니라 지금도 역시 다음과 같다. 곧 내가 돌보고 있는 고아들이 자신들에게 필요한 모든 것을 다른 누구에게도 요청하지 않은 채로 오직 기도와 믿음을 통하여 공급받고 있다는 사실로 말미암아 하나님께서 영광 받으실 수 있도록 하는 것이다. 이를 통하여 하나님은 여전히 신실하신 분이며, 여전히 우리의 기도를 듣고 계시는 분임을 드러낼 수 있을 것이다."

"나는 다시금 이 마지막 며칠 동안 고아원에 관하여 상당히 많이 기도하였으며, 자주 내 마음을 주의 깊게 살펴보았다. 그러면서 만약 고아원을 세우는 일에 나 자신을 만족시키려는 소망이 추호라도 자리 잡고 있다면 내가 그것을 발견할 수 있도록 해달라고 기도하였다. 왜냐하면 내가 오직 주님의 영광만을 바랄 때 만약 그 문제가 하나님께 속한 게 아니라면 나는 우리 형제들을 사용하셔서 내게 가르침을 주시는 하나님을 기뻐할 것이다."

"1835년에 드디어 고아원 사역을 시작했을 때 내가 가진 주요한 목적은 단순히 기도와 믿음이라는 도구를 통하여 성취할 수 있는 것들에 관한 실제적인 본보기를 제시함으로써 하나님의 영광을 드러내는 것이었다. 또한 그것은 이 일을 통하여 지금도 여전히 살아계신 하나님이라는 사실을 보여줌으로써 교회에 유익을 줄 뿐만 아니라 아무런 관심도 없는 세상에 하나님의 일에 관한 실상을 알도록 인도하기 위한 것이었다. 내 목표는 하나님으로부터 넉넉하게 존중을 받았다. 수많은 죄인이 회심하기에 이르렀으며, 내가 예상했던 것과 마찬가지로 전 세계 곳곳에 있는 하나님의 수많은 자녀가 이 일을 통하여 상당히 많은 혜택을 누리게 되었다. 그러나 이 일이 점점 더 크게 확장됨에 따라 그 축복도 점점 더 커지게 되었으며, 내가 찾아다녔던 바로 그 방식으로 그 축복이 베풀어졌다. 수많은 사람이 그 일에 주의를 기울이게 되었으며, 수많은 사람이 그 사역을 직접 목격하려고 찾아오게 되었다."

"이 모든 것은 하나님께 더욱 커다란 영광을 돌리기 위하여 이런 식으로 점점 더 수고하고 싶은 마음을 품도록 나를 인도하고 있다. 언제든지 주님을 바라보고 찬미하고 탄복하고 신뢰하고 의지할 수 있다는 사실이 바로 이 섬김의 사역에서, 그리고 특별히 이처럼 의도적인 사역 확장에서 내가 목표하는 바이다. 어떻게 몹시 가난한 사람이라도 단지 하나님을 신뢰함으로써 기도를 시작할 수 있는지 보여줄 수 있다는 사실은, 그리고 이를 통하여 다른 하나님의 자녀들이 하나님을 의뢰하는 가운데 계속해서 하나님의 일을 하도록 인도받을 수 있다는 사실은, 그리고 하나님의 자녀들이 각자 자기 자신의 개인적인 위치와 환경에서 하나님을 점점 더 많이 신뢰하도록 인도받을 수 있다는 사실은 내가 이처럼 더 많은 사역 확장으로 인도받게 했다."

변함없이 하나님을 신뢰하라

조지 뮬러의 이야기에서 발견할 수 있는 것들에 관하여 내가 지적하고 싶은 몇 가지 다른 요점들이 있기는 하지만, 한 가지만 더 이야기하는 것으로도 충분하리라 확신한다. 그건 바로 끈질긴 기도의 비밀로써 하나님의 약속에 관한 확고하고도 흔들리지 않는 신뢰라는 교훈이다. 만약 우리가 하나님의 약속을 굳게 붙잡고서 하나님 아버지께서 우리의 기도를 들으신다고 믿는다면 우리는 조금이라도 지체하거나 믿음이 흔들리도록 가만히 내버려 두어서는 안 된다.

"일상적인 기도에 대한 완전한 응답은 그게 완전히 실현되는 것과는 상당히 거리가 있지만, 기도를 계속할 수 있도록 우리 주님이 허락하시는 풍성한 격려가 있었다. 그러나 앞으로 받을 것보다는 이미 임한 것들이 훨씬 더 적다고 한번 가정해보라. 성경적인 근거 위에서 이미 결론에 도달한 이후에, 그리고 상당히 많은 기도와 자기 성찰의 시간을 보낸 이후에 나는 이 목적에 관하여 믿음과 인내를 훈련하는 데서 아무런 흔들림 없이 계속해 나가야 한다. 그러므로 일단 기도 가운데 하나님 앞으로 가져온 어떤 것이 하나님의 뜻에 따른 것이라는 사실에 만족하는 모든 하나님의 자녀는 그 축복을 받을 때까지 믿음과 기대와 끈기의 기도를 계속해야 한다."

"그러니까 나는 단 하루도 쉬지 않고 지난 10년 6개월 동안 날마다 하나님을 추구했던 바로 그 특정한 축복들을 지금도 가만히 기다리고 있다. 아직도 어떤 개인들의 회심에 관해서는 충분한 응답이 이루어지지 않았다. 비록 그사이에 지금까지 수천 가지 기도 응답을 받기는 했지만 말이다. 또한 나는 10여 년 동안 각각 다른 개인들의 회심을 위하여, 6~7년 동안은 다른 사람들을 위하여, 2~3년 동안은 또 다른 사람들을 위하여 쉬지 않고 날마다 기도해 왔다. 그러나 여전히 그 사람들에 관한 응답은 이루어지지 않고 있다. 한편 그러는 사이에 다른 수많은 기도는 상당히 많이 응답되었으며, 또한 내가 기도해 왔던 많은 영혼이 회심하기도 하였다."

"내가 하나님께 구하기만 하면 즉각적으로 응답을 받았다고 생각할 수도 있는 사람들의 유익을 위하여, 또는 내가 어떤 것에 관하여 기도하면 그 응답을 확실히 얻으리라고 생각하는 사람들의 유익을 위하여 특별히 이 점을 강조하고자 한다. 어떤 사람이든 오직 하나님의 마음에 따라 기도할 때만 응답을 받으리라고 기대할 수 있다. 심지어 그럴 때라도 상당히 오랜 세월 동안 인내와 믿음을 훈련해 왔을지도 모른다. 지금까지 내가 언급해 온 문제에 관하여 나 역시도 그런 훈련을 받았으니까 말이다. 그럼에도 나는 여전히 날마다 계속해서 기도하는 가운데 너무나 확실하게 응답을 기대하고 있기에 종종 나는 하나님이 확실하게 응답을 주실 것이라는 사실에 감사해 왔다. 비록 이제 19년 동안이나 이런 식으로 믿음과 인내를 훈련해 왔을지라도 말이다. 사랑하는 그리스도인들이여, 기도에 당신 자신을 내주기 위하여 성실함으로 용기를 내라. 만약 당신이 오직 하나님의 영광만을 위하여 그런 것들을 구한다고 확실할 수 있는 경우라면 말이다."

"그러나 가장 놀라운 요점은 바로 이것이다. 곧 새로운 고아원을 준비하고 진척시키는 데 필요한 모든 수단을 위해 나는 6년 8개월 동안 기도했으며 대개는 날마다 몇 차례씩 기도하면서 고아원 사역을 확장하는 데 필요한 여러 가지 수단들을 나에게 제공해달라고 간청하였다. 1861년 봄에 진행된 계산에 따르면 거기에 대략 5만 파운드의 자금이 투입되었던 것으로 나타났는데, 그게 지금까지 내가 지원받은 총액이었다. 내 마음속에 이처럼 그 일을 확장하도록 꿈을 꾸게 하신 주님, 그를 향한 용기와 믿음을 나에게 불어넣어 주신 주님께 찬양과 영광을 올려 드린다. 그리고 다른 무엇보다도 아무런 흔들림 없이 내 믿음을 지켜주신 주님께 찬양과 영광을 올려드린다."

"그 후원금 중에서 최종 금액을 받는 순간, 이처럼 거대한 액수를 향하여 나가면서 단 한 푼의 기부금도 받지 못했을 때보다 그 전체적인 계획에 관하여 더 많이 확신했던 때는 없었다고 회고하게 되었다. 이제 나는 한 번 하나님의 마음을 배운 이후에 수백 명의 고아들을 수용하는 두 개의 고아원이 이미 내 앞에 세워졌던 것처럼 하나님이 그 목적을 달성하실 것이라고 처음부터 충분히 확신하게 되었다."

"나는 이 주제와 관련해서 어린 신자들을 위하여 여기에 간략하게 몇 가지를 언급하고자 한다. 첫째, 주님을 섬기는 일이나 당신의 일터나 당신의 가정에서 새로운 조치를 취하고자 할 때 천천히 한 걸음씩 나아가면서 모든 사항을 꼼꼼히 면밀하게 따져보고, 하나님을 경외하면서 거룩한 성경의 조명 아래 모든 것을 철저히 비춰보길 바란다. 둘째, 하나님의 마음을 확인하기 위하여 당신이 취하려고 하는 어떤 조치와 관련하여 자기의 뜻은 조금도 구하지 말기 바란다. 그리하여 만약 하나님이 기뻐하면서 당신을 교훈하고자 하신다면 당신은 기꺼이 하나님의 뜻을 행하려 한다고 정직하게 고백하길 바란다. 셋째, 그러나 하나님의 뜻이 무엇인지를 파악하고, 하나님의 도우심을 구하면서 간절하고 끈질기게, 인내심을 갖고 믿으면서 그 뜻을 구할 때 당신은 하나님의 때와 방법에 따라 분명히 그것을 얻게 될 것이다."

"우리가 단지 재정적인 부분에서만 어려움을 겪으리라고 생각한다면 실수를 저지르게 될 것이다. 그 외에도 다른 수많은 부족한 것과 수많은 다른 어려움이 생겨난다. 아무런 어려움이나 부족함 없이 어느 하루를 그냥 지나가는 것은 굉장히 드문 일이다. 오히려 날마다 매번 극복해야 할 수많은 어려움과 수많을 필요가 언제나 도사리고 있다. 이 모든 것은 우리의 우주적인 치유책인 기도와 믿음으로 해결되어야 한다. 우리 주 예수님의 이름으로 하나님께 드려지는 끈질긴 믿음의 기도는 항상 그 즉시 축복을 가져오게 된다. 내가 하나님의 영광을 위하여, 그리고 어떤 실제적인 선을 위하여 그렇게 되리라고 확신할 수만 있다면 하나님의 은혜로 어떤 축복이든 받게 되리라는 사실을 확실히 믿어 의심치 않는다."

이처럼 조지 뮬러의 기도 응답 비밀은 단순했다. 오직 하나님의 영광만을 위하여 기도했다. 5만 번 이상 기도 응답을 받았다는 조지 뮬러의 기도처럼 당신도 하나님의 영광만을 위한 단순한 기도로 응답의 축복을 누릴 수 있다.

:
:
:

머레이가 즐겨 읽던
〈루터의 단순한 기도 방법〉

이 원고는 머레이가 삶 속에서 기도에 관한 영감을 얻기 위해 자주 묵상했던 내용입니다. 루터는 이발사이자 오랜 친구인 페터 베스켄도르프에게서 "온전히 기도하는 방법을 가르쳐달라"는 부탁을 받고, 친구를 위해 아주 간단하고 명료하게 편지글 형태로 이 원고를 집필했습니다.
특별히 이 원고를 이 책에 수록하는 것은 머레이가 경험했던 능력 있는 기도의 세계를 독자들이 직접 체험하기를 바라는 간절한 마음에서입니다.

사랑하는 벗, 페터에게.

지난번 편지에서 자네가 내게 부탁한 것처럼 개인적으로 기도하는 방법에 관해 내가 알고 있는, 그리고 현재 내가 하는 기도 방법에 관해 몇가지 소개하고자 하네. 또한 사랑의 주님이 자네를 비롯한 누구든지 나보다 기도를 더 잘할 수 있도록 허락해 주시기를 기도한다네. 아멘.

친구여, 무엇보다 번잡한 일이나 생각 때문에, 기도에 대한 열정이 식고 즐거움이 사라진 것 같을 때(육신과 사탄이 늘 기도를 훼방하고 가로막아서) 나는 간단한 시편 모음집을 들고서 급히 내 방으로 들어가거나, 혹은 교회에 가서 시간이 허락하는 만큼 조용히 나 자신과 대화를 나눈다네. 그렇지 않으면 주기도문이나 십계명, 사도신경, 그리고 시간상으로 여유가 있으면 예수님의 말씀이나 바울 서신, 시편 가운데 일부를 어린아이처럼 한마디 한마디 읽어 내려가기도 한다네.

친구여, 기도로 아침을 시작하고 기도로 하루를 끝마치는 것은 좋은 일이라네. 하지만 그릇된 생각에 현혹되지 않도록 조심해야 한다네. '잠시만 기다려라. 기도는 잠시 미루어 두고 먼저 닥친 일부터 처리하고 보자.' 이런 식의 생각은 다른 일에 정신을 쏟게 해서 기도를 멀리하게 하고, 그날의 기도를 못 하게 만든다네. 기도만큼 중요하거나 그보다 더 훌륭한 일을 아주 급하게 처리해야 할 때도 있겠지만, 우리는 항상 기도에 우선순위를 두어야 한다네.

자네 혹시 라틴어 성경인 불가타역을 번역한 제롬을 아는가? 그는 마태복음 25장을 주석하면서 "성도가 하는 것은 무엇이든 기도이다"라고 말했다네. 또한 격언 중에 "성실하게 일하는 사람은 두 번 기도하는 것이다"라는 말이 있다네. 이는 성도는 자기 일을 통해 하나님을 경외하고, 이웃에 대해 속이지 말고, 도둑질하지 말며, 죄를 범하지 말라는 계명을 기억하기 때문에 성도가 하는 일은 기도와 찬양의 제물로 확실하게 바뀐다는 뜻이지.

반면에 불신자가 하는 일은 저주와 다르지 않아서 믿음 없이 일하는 사람은 이중으로 저주를 받는다네. 그런 사람은 일을 하면서도 하나님을 무시하고, 이웃의 이익을 취하거나 훔치고 속이면서 하나님의 법을 어기는 데 골몰한다네. 그런 생각은 하나님과 사람을 존중하지 않기 때문에 일과 노력을 이중적인 저주로 만들어 자신을 저주하게 만든다네. 결국 그런 생각 때문에 죄를 범하게 되는 것이지.

우리 주 예수님이 누가복음 11장에서 "쉬지 말고 기도하라"(9-13

절, 살전 5:17)고 말씀하신 것도 그런 의미라네. 죄를 범하지 않기 위해서는 부단히 기도하라는 뜻이지. 죄와 잘못은 줄곧 조심해야 하지만 하나님을 두려워하고 그분의 계명을 명심하지 않으면 불가능하다네. 그래서 시편 기자는 이렇게 노래했다네. "오직 여호와의 율법을 즐거워하여 그의 율법을 주야로 묵상하는도다"(시 1:2).

친구여, 여기서 우리가 조심해야 할 것이 있다네. 그것은 진정한 기도의 습관을 깨거나, 결국에 가서 무익한 것으로 밝혀지는 다른 일들을 꼭 해야 하는 것처럼 중요하게 여기는 것이라네. 그렇게 되면 생활이 문란해지거나 게을러져서 마침내 기도에 관한 관심이 사라지게 된다네.

친구여, 우리를 괴롭히는 사탄은 그렇게 게으르거나 부주의하지 않다는 사실을 꼭 명심해 주면 좋겠네. 우리의 육신 또한 죄를 범할 준비가 되어 있을 뿐 아니라 그것을 갈망하고, 기도의 영을 내켜 하지 않는다는 사실 역시 깊이 주의해 주기 바라네.

친구여, 주기도문이나 십계명, 예수님의 말씀을 읽거나 암송하다가 마음이 뜨거워지는 경험을 한 적이 있는가? 나는 그럴 때면 손을 모은 채 무릎을 꿇거나 서서 하늘을 바라보고, 가능하면 다음과 같이 간단히 기도를 드린다네.

"하늘에 계신 아버지, 사랑의 하나님이시여! 저는 보잘것없는 죄인 입니다. 저는 하나님을 올려다보거나 손을 모을 수 있는 자격이 없 습니다. 그런데도 하나님이 우리 모두에게 기도하라 말씀하시고, 귀를 기울이겠다 약속하시고, 하나님의 사랑스러운 아들 예수 그리 스도를 통해 어떻게 기도하고 무엇을 해야 할지 가르쳐주셨으니,

하나님의 자비로우신 언약을 의지하고 하나님의 말씀에 순종하며 나아갑니다. 저는 모든 성도와 더불어 나의 주 예수 그리스도의 이름으로 그분이 가르쳐주신 기도("하늘에 계신 우리 아버지여…")를 조금도 어긋남 없이 따라 합니다."

그런 다음, 주님이 가르쳐주신 기도(마 6:9-13)를 차근차근 생각하면서 다음과 같이 기도한다네.

첫 번째 간구. "이름이 거룩히 여김을 받으시오며."

"그렇습니다. 주 하나님, 사랑의 아버지시여! 하나님의 이름이 우리 안에서와 온 세상에서 거룩히 여김을 받으시옵소서. 증오, 우상숭배, 이교도, 그리고 온갖 거짓 교사들과 하나님의 이름을 잘못 사용하여 망령되이 부르고, 한껏 모욕하는 광신자들을 근절시켜 주소서. 그들은 고집스럽게 하나님의 말씀을 가르치고 있다고 자랑합니다. '너는 네 하나님 여호와의 이름을 망령되게 부르지 말라. 여호와는 그의 이름을 망령되게 부르는 자를 죄 없다 하지 아니하리라'(출 20:7). 하지만 실제로는 불쌍한 영혼들을 가증스럽게 유혹하려고 사탄의 책략과 속임수를 활용합니다. 심지어 생명을 빼앗거나 무고한 피를 흘리게 하고 박해하면서도 하나님께 거룩한 예배를 드리고 있다고 생각합니다.

사랑의 주 하나님! 그들을 변화시키고 막아주소서. 변화되어야 할 사람들을 변화시키셔서 그들과 우리가, 그리고 우리와 그들이 참되고 순수한 가르침과 선하고 거룩한 삶으로 하나님의 이름을 거룩하게 찬양하게 하소서. 하나님의 거룩한 이름을 그릇되게 사용하고 더럽히고 영광을 가리고 불쌍한 이들을 잘못 인도하는 일을 그칠 수 있도록 그들을 막아주시고, 그들을 온전한 하나님의 사람으로 변화시켜 주시옵소서. 아멘."

두 번째 간구. "나라가 임하시오며."
계속해서 이렇게 기도한다네.

"사랑의 주님, 아버지 하나님이시여! 하나님께서는 세상적으로 지혜로운 사람과 이성적인 사람이 하나님의 이름을 어떻게 더럽히고 하나님에게 바쳐야 할 영광을 거짓과 사탄에게 어떻게 돌리는지, 그리고 하나님이 그들에게 세상을 다스리고 하나님을 섬기도록 허락하신 권세, 능력, 재물, 영광 등을 하나님의 나라와 맞서겠다는 헛된 생각에 어떻게 이용하고 있는지 아십니다. 그들은 많고 강력합니다. 그들은 약하고 멸시받고 몇 안 되는 하나님 나라의 작은 무리를 괴롭히고 훼방합니다. 하나님에게 속한 무리를 용납하지 못할뿐더러 그들을 괴롭히는 일을 대단히 거룩한 예배로 간주하기도 합니다.

사랑의 주님, 하나님 아버지시여! 그들을 변화시키고 막아주소서. 하나님의 자녀와 하나님의 나라에 속한 사람들을 변화시키셔서 그들과 우리가, 그리고 우리와 그들이 진정한 믿음과 거짓 없는 사랑으로 하나님을 섬기고, 이미 시작된 하나님의 나라를 지나서 하나님의 영원한 나라에 들어갈 수 있게 하소서. 권세와 능력으로 하나님의 나라를 해하려는 이들로부터 우리를 지켜주셔서 그들이 왕좌에서 쫓겨나 겸손해져서 잘못된 행동을 하지 않게 하소서. 아멘."

세 번째 간구. "뜻이 하늘에서 이루어진 것같이 땅에서도 이루어지이다."

그리고 이렇게 거듭 기도한다네.

"사랑의 주님, 아버지 하나님이시여! 하나님께서는 세상이 하나님의 이름을 어찌하지 못하고, 하나님의 나라를 파괴하지 못하면서도, 하나님의 이름과 말씀과 나라와 자녀를 해칠 속셈으로 악한 속임수와 계략, 이상한 음모와 술책을 구사하고, 은밀히 모여서 일을 꾸미고, 서로 격려하고 도와주며, 화를 내며 위협하고, 온갖 악한 생각을 궁리하느라 하루가 짧다는 것을 아십니다.

그러므로 사랑의 주님, 아버지 하나님이시여! 그들을 변화시키시고 우리를 지켜주소서. 하나님의 선한 뜻을 인정하지 않는 이들을 변화시키셔서 그들과 우리가, 그리고 우리와 그들이 하나님의 뜻을 위해 살아가게 하소서. 하나님을 위해서 어떤 불의와 십자가와 어려움이든지 간에 기쁘고 끈기 있게 감당해서 하나님의 인자하고 자비롭고 완전한 뜻을 인정하며 살펴보고 맛볼 수 있도록 인도하여 주소서.

그렇지만 화를 내고 격노하며 증오하고 위협하는 이들에게서 우리를 지켜주소서. 그러면 악한 생각을 품은 이들이 우리를 더 이상 해치지 못할 것입니다. 우리가 시편의 말씀 '그의 재앙은 자기 머리로 돌아가고 그의 포악은 자기 정수리에 내리리로다' (시 7:16)를 노래하듯이 악한 계략, 속임수, 그리고 노림수가 전혀 힘을 발휘하지 못하고 그들에게 되돌아가게 하소서. 아멘."

네 번째 간구. "오늘 우리에게 일용할 양식을 주시옵고."
나는 이 말씀을 묵상하면서 이렇게 기도한다네.

"사랑의 주님, 아버지 하나님이시여! 이렇게 잠시 육체적인 삶을 사는 동안에도 하나님의 축복을 허락해 주소서. 복된 평안을 우리에게 자비롭게 허락하소서. 전쟁과 혼란에서 보호하소서. 세상의 지도자들에게 적과 맞서 승리하고 축복을 누리게 하소서. 지도자들이 세상의 나라를 평화롭고 번영되게 이끌도록 지혜와 이해력을 허락해 주소서. 모든 지도자에게 선한 교훈을 허락하시고 평온하고 정의롭게 자기 백성들을 보존할 수 있게 하여주소서. 특별히 우리 지도자에게 하나님의 보호와 쉴 곳을 허락하시고 도와주셔서 어떤 해로움도 겪지 않게 하시고, 악한 입과 충성을 모르는 사람들로부터 안전하게 잘 다스리게 하소서. 모든 섬기는 이가 충성스럽게 순종하는 자세로 섬기도록 그들에게 은총을 허락해 주소서.

도시에 살든지 시골에 살든지 간에 누구나 부지런하고 서로를 사랑하고 성실하게 대하게 허락해 주소서. 좋은 날씨를 주시고 풍성한 추수를 허락하소서. 하나님께 내 집과 재산, 아내와 자녀를 맡깁니다. 그들과 행복하게 지내게 해주시고, 그리스도인으로서 살아갈 수 있도록 도와주고 가르치게 하소서. 이 세상에서의 삶을 훼방하고 해를 입히는 파괴자와 사탄들에게서 우리를 지켜주소서. 아멘."

다섯 번째 간구. "우리가 우리에게 죄지은 자를 사하여 준 것같이 우리 죄를 사하여 주시옵고."
계속해서 이렇게 기도한다네.

"사랑의 우리 주 하나님이시여! 우리를 심판하지 말아 주소서. 그 누구의 삶도 하나님 앞에서는 의로울 수 없기 때문입니다. 영적으로나 육체적으로나 말로 표현할 수 없을 만큼 베푸신 하나님의 선하심에 감사하지 않고, 시편 말씀 '자기 허물을 능히 깨달을 자 누구리요. 나를 숨은 허물에서 벗어나게 하소서'(시 19:12)의 내용처럼 우리가 인정하고 깨닫는 것보다 자주, 하루도 거르지 않고 거듭 죄에 빠져드는 것을 용서하여 주소서. 우리가 얼마나 선하고 악한지 살피지 마시고, 하나님의 사랑스러운 아들 예수 그리스도 안에서 우리에게 허락하신 한없는 자비하심으로 살펴주소서.

우리를 괴롭히고 잘못한 이들을 진심으로 용서하오니 그들을 용서하소서. 그들의 잘못은 하나님의 화를 자초해서 스스로 더할 수 없는 해를 입히고 있습니다. 그들이 멸망하더라도 우리에게는 전혀 도움이 되지 않습니다. 오히려 우리와 더불어서 구원받기를 더욱더 간구하오니 그들의 영혼을 불쌍히 여기사 구원해 주소서. 아멘."

여섯 번째 간구. "우리를 시험에 들게 하지 마시옵고."
덧붙여서 이렇게 기도한다네.

"사랑의 주님, 아버지 하나님이시여! 우리가 하나님의 말씀을 따르고 의식하며, 갈망하고 게으르지 않게 만드사 마치 모든 것을 얻은 양 무관심하고 나태하여 늘어지지 않게 하소서. 두려운 사탄이 우리를 덮치지 않게 하시고, 하나님의 소중한 말씀을 앗아가거나 우리 안에 다툼과 파벌을 형성하고, 영적으로나 육체적으로나 다른 죄와 부끄러움에 빠져들지 못하게 하소서. 당당하게 사탄과 맞서고 승리를 거둘 수 있도록 하나님의 영을 통해 지혜와 능력을 허락해 주소서. 아멘."

일곱 번째 간구. "다만 악에서 구하시옵소서."
이어서 이렇게 기도한다네.

"사랑의 주님, 아버지 하나님이시여! 이 부끄러운 삶은 괴로움과 재앙, 위험과 불확실함, 그리고 원한과 불신뿐이라서(바울도 에베소서 5장 16절에서 '때가 악'하다고 말합니다) 삶은 당연히 고달프고 죽음을 기대하게 됩니다. 하지만 사랑스러운 아버지가 되시는 하나님은 우리의 약점을 아십니다. 그러니 정말 사악하고 흉악한 일을 무사히 지날 수 있도록 도와주시고, 우리에게 마지막 순간이 닥칠 때 하나님의 자비에 힘입어 기뻐하며 슬픔의 골짜기를 떠나게 허락하소서. 그리하면 죽음을 마주해도 두려워하거나 낙심하지 않고 흔들림 없는 믿음으로 우리의 영혼을 당신의 손에 맡길 수 있습니다. 아멘."

끝으로 늘 흔들림 없이 "아멘"이라고 말하는 게 중요하다는 사실을 지적해 둔다네. 자비하신 하나님이 자네에게 분명히 귀를 기울이시고, 자네의 기도에 "그렇게 하겠다"라고 말씀하신다는 사실을 어떤 경우에라도 의심해서는 안 되네. 자네가 홀로 무릎을 꿇거나 서 있다 생각하지 말고, 경건한 그리스도인 모두가 자네 옆에 서 있으며, 자네가 그들과 함께 힘을 합쳐 하나님이 외면하실 수 없는 간구를 하고 있다는 사실을 떠올려야 한다네. 그리고 항상 다음과 같은 확신이 생길 때까지 결코 기도를 멈춰서는 안 되네. "정말 하나님이 내 기도를 들어주셨어. 나는 이것을 흔들림 없이 온전히 믿어." 이것이 바로 아멘의 의미일세.

주님의 기도를 검토할 수 있는 시간과 기회를 얻었으니 이제 십계
명(출 20:3-17) 역시 계속해서 살펴보도록 하겠네(루터는 십계명을 현
재 우리가 배우는 것과는 사뭇 다르게 구분합니다. 루터는 십계명 가운
데 1, 2계명을 하나로 묶어서 분류하고 있습니다 – 역자 주). 기도하는
데 활용할 수 있도록 산만하지 않으면서도 가능한 한 자유롭게 한 부분
씩 검토해 보겠네.

십계명은 각각의 계명을 네 가지 부분으로 구분하고, 그것을 네 개
의 가닥으로 삼아 화관을 만들 수 있다네. 이것을 구체적으로 설명하면
이렇다네. 첫째, 나는 각각의 계명을 실제로 의도가 담겨 있는 가르침
으로 생각하고, 주 하나님이 내게 아주 간절히 요구하시는 내용으로 간

주한다네. 둘째, 나는 십계명을 감사기도로 표현한다네. 셋째는 고백이라네. 그리고 넷째는 기도라네. 이것을 다음과 같이 생각이나 글로 표현할 수 있다네.

첫째, 둘째 계명. "나는 네 하나님 여호와니라. …너는 나 외에는 다른 신들을 네게 두지 말라. 너를 위하여 새긴 우상을 만들지 말라."

여기서 나는 하나님이 무슨 일이든지 자신을 진정으로 신뢰하기를 바라고 교훈하신다는 것과 그분에게는 나의 하나님이 되시는 게 가장 큰 소원인 것을 진지하게 살펴볼 걸세. 나는 영원한 구원을 잃어버리는 위험을 감수하더라도 이런 식으로 그분을 생각하지 않을 수 없다네.

첫째, 내 마음은 다른 것을 의지하거나 그 어떤 것도 신뢰할 수 없다네. 부유함이나 체면, 지혜, 권세, 경건이나 그 무엇도 마찬가지일세.

둘째, 나는 하나님의 한없는 동정에 감사한다네. 그분은 아버지처럼 나를 찾아오시고, 부탁이나 요구가 없어도 공로를 내세우지 않으시면서 나의 하나님이 되어주시고, 필요한 순간마다 위로와 보호와 도움과 능력을 베풀어 주신다네. 죽을 수밖에 없는 불쌍한 우리는 여러 신을 찾아다녔고, 만일 하나님이 인간의 말로 우리의 하나님이 되겠다고 말씀하시지 않았다면 지금도 여전히 찾아다니고 있을지도 모른다네. 이 어찌 그분께 영원히 감사하지 않을 수 있겠는가!

셋째, 나는 평생 아주 탁월한 교훈과 아주 소중한 선물을 어리석게 멸시하고, 헤아릴 수 없을 만큼 우상을 숭배해서 하나님의 분노를 크게 자극한 죄를 저지르고, 은혜를 저버린 것을 고백한다네. 나는 이것을 회개하고 그분의 은총을 간구한다네.

넷째, 나는 이렇게 기도한다네.

"나의 하나님이신 주여! 하나님의 은총에 힘입어서 하루도 거르지 않고 하나님의 계명들을 더욱 자세히 익히고 이해하며, 그것들을 진심으로 확신하면서 살아갈 수 있도록 도와주소서. 내 마음을 지키셔서 또다시 잊어버리고 감사를 잊는 법이 없게 하소서. 다른 신이나 세상의 위로나 어떤 피조물을 따르지 않게 하시고, 나의 유일한 하나님이 되시는 주님만을 진정으로 좇을 수 있게 하소서. 사랑하는 하나님 아버지께 아멘을 돌립니다. 아멘."

셋째 계명. "너는 네 하나님의 이름을 망령되게 부르지 말라."

첫째, 나는 하나님의 이름을 경외하고 거룩하고 아름답게 대해야 한다고 배웠네. 하나님의 이름을 더럽히거나 저주하거나, 아니면 자신을 스스로 자랑하거나 명예를 추구하거나 높아지는 데 이용해서도 안 된다네. 겸손하게 그분의 이름을 부르고 기도하고 찬양하며 높이고, 그분이 나의 하나님이 되시고 나는 보잘것없는 피조물이며 무가치한 종이라는 사실을 유일한 자랑과 영광으로 삼아야 한다네.

둘째, 나는 다음과 같은 소중한 선물을 주신 하나님께 감사한다네.

하나님은 이름을 나에게 계시하고 허락하셨으며, 나는 그 이름으로 영광을 돌리고, 하나님의 종과 피조물이라고 불리고 있다네. 또한 그분의 이름은 솔로몬이 말했듯이 의로운 사람이 피신해서 보호받는 강력한 성과 같은 피난처가 된다네. "여호와의 이름은 견고한 망대라. 의인은 그리로 달려가서 안전함을 얻느니라"(잠 18:10).

셋째, 나는 살아오면서 적잖게, 그리고 부끄럽게 이 계명을 어겼다는 사실을 고백하고 인정할 수밖에 없다네. 하나님의 거룩한 이름을 의지하고 높이고 영광을 돌리지 못했을 뿐 아니라 수치와 죄악을 좇느라 그분의 이름을 더럽히고 거짓을 말하고 배반하면서 잘못 사용했다네. 이것에 대해 쓰라리게 후회하고 은총과 용서를 간구한다네.

넷째, 이후로 이 계명을 배우고(순종하고), 하나님의 이름을 거부하면서 감사를 모르고 악용하거나 죄를 범하지 않고, 그분의 이름을 존중하고 영광스럽게 대하면서 감사할 수 있는 도움과 능력을 간구한다네.

여기서 나는 주님의 기도를 거론하며 이미 앞에서 언급한 내용을 또다시 반복한다네. "한참 그런 생각을 하면 성령님이 마음속에서 풍성하고 깨달음으로 안내하는 생각을 빌어서 교훈하기 시작하면 이렇게 글로 기록한 기도문을 내려놓아야 그분이 영광을 받으십니다. 당신보다 기도에 뛰어나신 그분께 조용히 귀를 기울여야 합니다." 성령님의 말씀을 잘 기억하고 기록해 두어야 한다네. 그러면 다윗 왕이 말했듯이 여호와 하나님의 법 테두리 안에서 놀라운 일들을 목격하게 될 걸세. "내 눈을 열어서 주의 율법에서 놀라운 것을 보게 하소서"(시 119:18).

넷째 계명. "안식일을 기억하여 거룩하게 지키라."

첫째, 나는 이 계명으로부터 무엇보다 안식일은 게으름이나 세상의 즐거움을 탐닉하도록 제정된 게 아니라는 사실을 깨달았네. 우리는 안식일을 거룩하게 지켜야 한다네. 그런데 그날은 우리의 일이나 행위로 성별되지 않는다네. 우리가 처리하는 일은 거룩하지 않다네. 전적으로 정결하고 거룩한 하나님의 말씀으로 가능할 뿐이라네. 그 말씀은 접촉하는 모든 것을 거룩하게 만든다네. 그것은 시간, 장소, 사람, 노동, 휴식 등을 가리지 않는다네.

모든 피조물이 하나님의 말씀과 기도로 거룩해진다고 말한 사도 바울에 따르면 우리의 노력은 말씀을 통해 거룩해지는 걸세. "하나님께서 지으신 모든 것이 선하매 감사함으로 받으면 버릴 것이 없나니 하나님의 말씀과 기도로 거룩하여짐이라"(딤전 4:4-5). 그러므로 나는 안식일에 무엇보다 하나님의 말씀을 듣고 묵상해야 한다고 생각한다네. 그런 뒤에 입을 열어서 하나님께 감사하고, 허락하신 모든 자비하심을 찬양하며, 나 자신과 다른 사람들을 위해서 기도해야 한다네. 안식일에 그렇게 행동하면 안식일을 거룩하게 지키는 것일세. 그렇게 하지 못한다면 안식일에 일하는 사람보다 더 나쁜 행동을 하는 거라네.

둘째, 나는 이 계명을 통해 하나님이 우리를 교훈하시면서 위대하고 아름다운 선하심과 은총을 허락하신 사실에 감사한다네. 그리고 하나님은 특히 안식일에 그 교훈을 활용하도록 가르쳐주셨다네. 인간이 마음으로 묵상하더라도 그런 보물이 닳아서 없어질 수 없기 때문일세. 하나님의 말씀은 이 어두운 세상의 유일한 빛, 생명의 말씀, 위로, 그리고 놀라운 축복이 된다네. 이 소중한 구원의 말씀이 사라지면 우리가 매일 두 눈으로 확인하듯이 두렵고 무서운 암흑, 잘못과 분열, 죽음과 온갖 재앙, 사탄의 횡포만이 존재할 따름이라네.

셋째, 나는 내가 엄청난 죄를 짓고 전혀 감사할 줄 몰랐다는 사실을 고백하고 인정한다네. 평생 안식을 터무니없이 활용했고, 덕분에 하나님의 소중하고 사랑스런 말씀을 그릇된 방식으로 경멸했다네. 나는 너무 게으르고 나태해서 귀를 기울이지 않았으며, 진심으로 관심을 두거나 감사하지 않았다네. 나는 사랑스러운 하나님이 내게 주신 말씀을 무의미하게 만들고, 귀한 보화를 외면하고 짓밟아버렸다네. 하나님은 이것을 크고 거룩한 자비로 인내하시면서 아버지의 거룩한 사랑을 계속해서 베푸시고, 성실하게 교훈하시고 영혼의 구원을 기억하게 하셨다네. 그 때문에 나는 회개하고 은총과 용서를 간구한다네.

넷째, 나는 나 자신과 온 세상이 자비로운 아버지께서 거룩한 말씀을 우리 안에 보존하게 하시고, 죄악이나 감사를 모르는 마음, 그리고 게으름 때문에 그것을 거두어 가시지 않기를 기도한다네. "우리를 다툼의 영들과 거짓 교사들로부터 보존하시고, 추수를 위해서 충성스럽고 정직한 일꾼들(마 9:38), 곧 경건한 목회자와 설교자들을 보내주소서. 그들의 말을 주님의 말씀으로 듣고 받아들이며 존중하면서 진심으로 감사하고 찬양할 수 있게 허락하소서. 아멘."

다섯째 계명. "네 부모를 공경하라."

첫째, 나는 창조자이신 하나님이 내 몸과 영혼을 얼마나 놀랍게 창조하셨는지, 그리고 부모님을 통해 어떻게 생명을 주셨고, 그분들에게 육신의 열매인 나를 최선을 다해 돌보고 싶은 마음을 불어넣으셨는지 깨우치고 있다네. 하나님은 나를 이 세상에 보내시고, 나를 기르고 돌보시며, 상당히 부지런히 조심스럽게, 그리고 관심을 두고 양육하고 교육하셔서 위험과 문제, 어려움 등을 감당하게 하셨다네. 지금도 하나님은 자기 피조물인 나를 보호하시고 헤아릴 수 없는 위험과 어려움을 이겨내도록 도우신다네. 언제나 나를 새롭게 창조하시듯 말일세. 하지만 사탄은 호시탐탐 우리를 노리며 인생의 어느 순간에도 우리를 마음대로 내버려 두지 않는다네.

둘째, 나 자신과 온 세상을 대신해서 인류, 곧 가정과 국가의 번성과 보존을 계명에 포함하고 보증하신 하나님께 감사한다네. 이런 두 개의 제도나 정부가 없었다면 세상은 단 한 해도 지속될 수 없을 걸세. 정부 없이 평화는 있을 수 없고, 평화가 없는 곳에 가족이 존재할 수 없기 때문이라네. 가정이 없으면 자녀를 낳고 기르는 게 불가능하고, 아버지와 어머니의 역할 역시 사라지게 될 것일세. 가정과 국가를 한꺼번에 보호하고 보존하며, 자녀와 아랫사람에게 순종하도록 훈계하고, 그것을 역시 강제로 부과하고, 계명을 어기지 않으면 처벌하지 않는 게 이계명의 목적이라네. 즉 처벌은 자녀가 전에 오랫동안 순종하지 않고,

아랫사람들이 나라를 어지럽혀서 부모와 통치자들이 감당할 수 없을 때만 가능하다는 뜻일세. 그래서 이 계명은 말로 설명할 수 없을 정도로 유익하다네.

셋째, 나는 정말로 불순종하고 죄지은 것을 고백하고 후회한다네. 하나님의 계명을 거역하면서 부모님을 존경하거나 순종하지 않았다네. 부모님의 마음을 상하게 하거나 화를 돋우고, 훈육을 참지 못하고, 애정 어린 교훈 때문에 화를 내고 조롱하며, 바르지 못한 교제를 하거나 악한 친구들과 어울렸다네. 하나님은 그렇게 불순종하는 자녀들을 직접 정죄하시고 오랫동안 멀리하신다네. 그런 자녀들은 대부분 어른이 되기도 전에 쓰러지고 멸망한다네. 아버지와 어머니에게 순종하지 않는 사람은 생명을 잃어버리거나, 아니면 하나님의 분노를 사서 좋지 않은 결말을 맞이하게 된다네. 이 모든 것에 대해 나는 회개하고 은총과 용서를 간구한다네.

넷째, 나 자신과 온 세상을 위해 하나님이 가정과 국가에 은총을 허락하시고 풍성한 축복을 부어주시기를 기도한다네. "이 순간 이후로 부모님께 성실하고 존경하며, 윗사람들에게 순종하고, 사탄이 불순종하고 반항하도록 유혹해도 물리치게 하시고, 직접 가정과 국가의 발전을 돕고 평화를 유지할 수 있도록 허락하소서. 그래서 하나님께 찬양과 영광을 돌리는 모든 것이 우리에게 유익하고 모두가 번성하게 하소서. 우리가 이것을 하나님의 선물로 인정하고 감사할 수 있게 하소서."

여기서 우리는 하나님이 부모님과 윗사람들에게 우리를 평화롭고 행복하게 다스리고 이끌 수 있는 사리판단과 지혜를 허락해 달라는 기도를 덧붙여야 한다네. "사랑의 하나님! 부모님이 잘못되거나 혹은 격노할 일에서 보호하시고, 하나님의 말씀을 존중하고 억누르지 아니하며, 누구도 박해하지 않고 불의를 행하지 않게 하소서. 사도 바울이 교훈하듯이 그런 좋은 선물들을 기도로 추구하게 하소서. 아멘." 그러지 않으면 사탄이 궁전을 지배하고 모든 것이 혼돈과 혼란에 빠져들게 될 것일세.

이 순간 아버지와 어머니는 자녀를 기억하고 가정을 위한 일꾼이 되어야 한다네. 사랑하는 하나님 아버지께 진지하게 기도해야 한다네. 하나님은 자신의 이름으로 영광스러운 직분을 감당하게 하시고 '아버지'라는 이름 덕분에 존경받게 하신다네. 하나님이 거룩하고 기독교적인 방식으로 아내, 자녀, 그리고 가족들을 보살피고 후원하시는 은총과 축복을 허락해 주시기를 간절히 기도해야 한다네. 그들을 진심으로 잘 훈련하고, 그들이 지시에 순종하도록 지혜와 능력을 내려주시기를 간절히 기도해야 한다네. 그렇지 않으면 가정은 돼지우리나 거칠고 믿음을 찾아볼 수 없는 폭력배의 온상으로 전락하고 말 것일세.

여섯째 계명. "살인하지 말라."

여기서 나는 무엇보다 하나님이 이웃을 사랑하기를 바라시고, 말이나 행동으로 신체적인 해를 입히지 않으며, 화를 내거나 속상하다거나 미워해서, 혹은 다른 어떤 악한 이유로 상처를 주고 보복하기보다는 살아가는 데 필요한 것을 지원하고 상담해 주어야 한다는 사실들을 배우게 된다네.

첫째, 나는 이 계명을 통해 우리 주 하나님은 이웃의 몸을 보호하라 명령하시고, 거꾸로 이웃에게는 나를 보호하도록 지시하셨다는 사실을 발견하게 된다네. 외경에 나오는 시락 역시 이렇게 말했다네. "될 수 있는 대로 이웃과 잘 어울리고 현명한 사람들과 의견을 나눠라"(집회서 9:14).

둘째, 나는 내게 주어진 형언할 수 없는 사랑, 섭리, 그리고 성실하심에 감사한다네. 하나님은 이렇게 강력한 방패와 담이 되셔서 우리의 육체를 안전하게 지켜주신다네. 내 필요를 채우고 보호하는 데 모든 것이 활용되었으니 이제 나는 이웃에게 똑같이 베풀어야 한다네. 하나님이 이 계명을 강조하시기 때문에 그대로 지켜지지 않은 곳에서는 순종하지 않는 이들을 상대로 심판의 칼을 잡으신다네. 이렇게 훌륭한 계명과 지시가 주어지지 않았더라면 사탄은 사람들 사이에 그 누구도 단 한 시간도 견딜 수 없는 대학살을 유도했을 것일세. 그리고 하나님 역시 불순종하고 감사를 모르는 세상 때문에 분노하시고 심판을 내리셨을 것일세.

셋째, 나는 나 자신과 세상의 사악함을 고백하고 후회한다네. 우리는 아버지와 같은 사랑과 걱정에 전혀 감사하지 않을뿐더러 이 계명과 교훈을 인정하지 않고, 배우려 하지도 않으며, 우리와 무관하거나 전혀 관련되지 않은 것처럼 무시하는 경향이 있다네. 정말 부끄러운 일이지. 우리는 무관심하게 걸어가면서 이 계명을 무시하여 이웃을 외면하고 포기하고 박해하며 상처를 입히고, 심지어는 머릿속으로 죽여 버릴 생각까지도 한다네. 화를 내고 격노하며 마치 우리가 고상하고 훌륭한 일을 하는 것처럼 나쁜 짓을 저지르지. 정말 이제는 우리가 얼마나 범죄자나 맹목적이고 제멋대로이며 무정한 사람처럼 행동했는지 돌아보고 후회할 때인 것 같네. 그들은 성난 짐승처럼 서로 걷어차고 할퀴고 쥐어뜯고 삼키면서 중요하고 거룩한 이 계명에 전혀 관심을 두고 있지 않다네.

넷째, 나는 사랑스러운 아버지께 거룩한 이 계명을 이해하고 그대로 지키면서 그것에 따라 살아가게 해달라고 기도한다네. "사랑의 하나님! 온갖 살인과 폭력에 능한 살인자로부터 우리를 보존하소서. 우리와 나머지 모든 사람이 서로를 부드럽고 친절하고 동정하는 방식으로 대하면서 서로를 진심으로 용서하고, 그리스도인이며 형제와 같은 모습으로 각자의 단점과 잘못을 감당하면서 계명이 교훈하고 요구하듯이 진정한 평안과 화합을 함께 누릴 수 있는 은총을 허락해 주소서. 아멘."

일곱째 계명. "간음하지 말라."

첫째, 나는 여기서 하나님의 의도와 기대가 무엇인지 한 번 더 배우게 된다네. 하나님은 생각과 말과 행동에 있어서 순결하고 단정하고 절제하면서 그 어떤 남자의 아내, 딸, 혹은 가족들을 더럽히지 않기를 바라신다네. 이것 이상으로 나는 최선을 다해 결혼생활과 예절을 지키고 구하고 보호해야 한다네. 자신의 명성을 파괴하고 훼손하고 싶어 하는 이들의 한심한 생각을 바로잡아야 한다네. 이 모든 일을 당연히 수행해야 하는 것은 물론이고, 하나님은 내 이웃의 아내와 가족을 건드리는 것을 바라지 않으시기 때문에 나는 이웃을 상대로 하나님의 선하신 성품과 명예를 보존하고 보호해야 할 의무가 있는 것일세. 이것은 이웃들이 나, 그리고 나와 관련된 이들을 상대로 이 계명을 지켜주기를 바라는 것과 다르지 않다네.

둘째, 나는 성실하고 사랑스러운 아버지께서 베풀어 주신 은총과 자비에 감사한다네. 하나님은 남편, 부인, 아들, 딸, 가족들을 돌보시고 보호하시며, 악한 소문을 퍼뜨리는 일은 무엇이든지 아주 엄격하고 확고하게 금하신다네. 하나님은 이 계명을 보호하고 지지하시며 어기면 반드시 심판하신다네. 누군가 그 계명과 교훈을 무시하고 어기면 그분이 직접 나서신다네. 누구도 하나님을 피할 수 없게 되는 것이지. 그분은 죗값을 치르게 하거나, 아니면 결국 지옥의 불 속에서 정욕에 대해 속죄하게 만드신다네. 하나님은 순결을 바라시고 간음을 용납하지 않으시며, 회개를 모르고 방탕한 사람이 하나님의 분노를 사서 불행하게 멸망하는 것을 하루도 거르지 않고 목격하신다네. 그렇지 않으면 사탄의 더러운 짓에 맞서서 아내와 자녀와 가족들을 단 한 시간이라도 보호하거나 명예와 품위를 지켜주는 게 불가능하다네. 그러면 고삐 풀린 짐승과 다를 바 없는 부도덕한 행동이 뒤따른다네. 분노하신 하나님이 손을 떼시고 모든 것이 멸망하고 파괴되도록 내버려 둘 때와 다르지 않은 것일세.

셋째, 나는 나와 세상 모두가 저지른 죄와 내가 평생 생각과 말과 행동으로 이 계명을 어겼다는 것을 고백하고 인정한다네. 이 놀라운 교훈과 선물에 감사하지 않았을 뿐 아니라 순결함과 단정함에 대한 하나님의 요구를 불평하고 거역했었네. 하나님은 어떤 유형의 간음이나 그릇된 행동을 그냥 넘기거나 심판하시지 않는 경우가 단 한 번도 없다네. 하나님은 결혼을 경멸하고 우스갯거리로 만들거나 비난하는 것을 용납하지 않으신다네. 이 계명을 어기는 범죄는 그 무엇보다 아주 두드러져서 가리거나 꾸밀 수 없다네. 이것은 정말 안타까운 일이라네.

넷째, 나는 하나님께서 우리에게 이 계명을 즐겁고 기쁘게 지킬 수 있는 은총을 허락하셔서 우리가 스스로 순결한 삶을 살고, 다른 사람들 역시 같은 행동을 하도록 돕고 지원할 수 있도록 나 자신과 세상 모두를 위해 기도한다네. 계속해서 나는 다른 계명에 대해서도 시간이나 기회나 분위기를 그대로 유지한다네. 앞에서 거론했듯이 누구도 내 말이나 생각에 속박되는 것 같은 기분이 들지 않기를 바란다네. 계명을 지키고 싶어 하는 이들에게 그저 한 가지 사례를 제시하고 싶을 뿐이라네. 누구든지 그렇게 할 수 있음을 증명하게 하고 모든 계명을 한꺼번에, 혹은 본인이 바라는 만큼 묵상하게 하는 것이지. 마음은 그 특성상 일단 한 가지 문제에 집중하면 열 시간 동안 혀로 암송하거나 열흘간 글로 쓰는 것보다 한순간에 더 많은 것을 생각할 수 있는데, 그것은 좋을 수도 있고 나쁠 수도 있다네. 마음과 영혼에는 빠르고 미묘하고 강력한 게 존재한다네. 진심으로 바라게 되면 열 가지 계명을 네 가지 관점에서 아주 신속하게 검토하는 것도 가능할 걸세.

여덟째 계명. "도둑질하지 말라."

첫째, 여기서 나는 내 이웃의 재산을 가로채거나 이웃의 뜻과 달리 은밀하게, 혹은 공개적으로 소유해서는 안 된다는 것을 배우게 된다네. 사업, 봉사, 혹은 노동하면서 거짓을 말하거나 정직하지 않거나, 부정하게 이익을 추구해서는 안 된다네. 땀 흘려서 생계를 꾸리고 명예롭게 빵을 먹어야 하는 것이지. 아울러 앞서 이름을 거론한 어떤 방법으로도 이웃을 속여 빼앗을 수 없다는 사실을 인정해야 한다네. 나 역시 바라지 않는 일이기 때문이지.

나는 이 계명을 통해 하나님은 아버지처럼 염려하는 마음으로 내 소유를 보호하는 울타리를 설치하시고, 누구도 훔쳐 가지 못하게 막아 주신다는 사실 역시 알게 되었다네. 계명을 무시하면 벌을 내리시고 교수대와 사형집행인의 밧줄을 피하지 못하게 하시지. 그것이 불가능할 때는 하나님이 직접 처벌하시기 때문에 결국에는 빈털터리가 되고 말 걸세. 격언에도 이런 말이 있지 않은가? "어려서 도둑질하는 자는 늙어서 비렁뱅이가 된다." "훔쳐서 얻은 것은 쉽게 사라진다."

둘째, 덧붙여 나와 세상 모두에게 그렇게 탁월한 교훈과 확신과 보호를 허락하시는 하나님의 변함없는 선하심에 감사한다네. 하나님의 보호가 없었다면 집안에 동전 한 닢, 빵 한 조각도 남아 있지 않았을 걸세.

셋째, 내가 살아오면서 잘못하고 빼앗고 속이면서 저지른 죄악과 어리석음을 고백한다네.

넷째, 하나님이 나와 온 세상에 이 계명을 통해서 배우고 심사숙고하고 더 괜찮은 사람이 되도록 허락해 주시기를 간구한다네. 그래서 도둑질하거나 강탈하지 않고 높은 이자를 챙기지 않으며 속이거나 불의를 행하지 않고 모든 성도와 피조물이 기도하는 심판의 날(롬 8:20-23)이 속히 임해서 이런 죄악이 그치게 되기를 기도한다네.

아홉째 계명. "네 이웃에 대하여 거짓 증거하지 말라."

첫째, 이 계명은 무엇보다 서로에게 성실하고, 거짓과 험담을 피하고, 상대방에 대해서 좋은 말을 하고, 다른 사람을 칭찬하는 말을 듣는 것을 즐기라는 교훈이라네. 그러면 악의적인 소문과 근거 없는 혐로부터 선한 명성과 거룩한 삶을 보호할 수 있는 담이 세워지지. 하나님은 다른 계명들과 마찬가지로 심판하지 않고 넘어가지 않으실 걸세.

둘째, 여기서 나는 하나님이 은혜롭게 우리에게 교훈과 보호를 한꺼번에 허락하신 사실에 감사하지 않을 수 없다네.

셋째, 우리는 감사를 모르고 살아온 것과 죄를 저지른 것, 그리고 잘못되고 악한 말로 이웃을 헐뜯은 것을 고백하고 용서를 간구해야 한다네. 우리는 자신에게 바라듯이 그분과 동일하게 명예롭고 거룩한 삶을 살아야 했지만 그러지 못했다네.

넷째, 우리는 지금부터 계명과 치유하는 혀를 지킬 수 있도록 도움을 간구해야 한다네.

열 번째 계명. "네 이웃의 집을 탐내지 말라." 그리고 여기에는 "네 이웃의 아내…" 까지 포함된다네.

첫째, 이 계명은 무엇보다 법적으로 주장되는 우리 이웃의 소유를 빼앗거나, 아니면 이웃의 재산을 꾀어서 가로채거나 빼돌리거나 강탈하면 안 된다는 교훈일세. 우리가 자신을 위해서 기대하듯 이웃을 위해서도 그들의 소유를 유지하게 도와주어야 한다네. 그것은 결국에 가서 심판받게 될 악한 사기꾼의 교활함과 속임수까지도 막아준다네.

둘째, 우리는 하나님께 감사해야 한다네.

셋째, 우리는 회개하고 슬퍼하면서 죄를 고백해야 한다네.

넷째, 우리는 이와 같은 거룩한 계명들을 헌신적으로 지키기 위해 도움과 능력을 간구해야 한다네.

이상의 내용은 십계명을 네 가지 차원, 즉 배움의 책, 찬양의 책, 참회의 책, 그리고 기도의 책으로 살펴본 것이라네. 십계명은 정신을 차리고 기도에 대한 열정이 성장하도록 돕기 위해 만들어졌지. 하지만 이 모든 것을 그대로 지키겠다고 보증하지 않도록, 그리고 영적으로 지치지 않도록 조심해야 한다네. 마찬가지로 좋은 기도는 길게 오래 하지 않고 뜨겁게 자주 하는 것이라네. 마음의 불을 붙이는 데는 그리 오랜 시간이 걸리지 않는 법이지. 성령님은 하나님의 말씀을 통해 우리의 마음이 깨끗해지고, 쓸데없는 생각과 관심이 사라지는 순간에 이것을 우리에게 허락하시며 계속해서 교훈하실 걸세.

시간이 조금 더 있거나 마음이 이끌리면 사도신경을 같은 방식으로 살펴보고, 그것을 네 가지 가닥으로 삼아서 화관을 만들 수 있다네. 하지만 사도신경은 거룩하신 삼위일체에 상응해서 세 가지 주요 부분이나 주제로 구성되어 있고, 교리 문답서나 다른 곳에서도 그렇게 구분되어 있다네.

첫째 주제, 창조

"전능하사 천지를 만드신 하나님 아버지를 내가 믿사오며." 무엇보다 자네가 이 부분에서 세상의 온갖 언어와 무수한 책으로도 설명하거나 표현할 수 없는 것, 즉 자네가 누구이고, 어디에서 왔고, 어디에서 하늘과 땅으로 왔는지에 관해 몇 마디 교훈을 용납한다면 놀라운 빛이 여기서 자네의 마음을 비추게 될 것일세. 자네는 하나님의 피조물이고 손수 만드신 작품이라네. 달리 말하자면 자네 스스로는 아무것도 아니고, 아무것도 할 수 없으며, 아무것도 알지 못하고, 아무것도 해낼 수 있는 능력이 없다는 말일세.

자네는 천 년 전에는 어떤 존재였을까? 6천 년 전에 하늘과 땅은 어떤 상태였을까? 아무것도 아니었다네. 창조되지 않은 것은 아무 존재도 아니라네. 그렇지만 자네의 모습, 지식, 행동, 그리고 업적은 입으로 직접 (신앙고백을) 고백하듯 하나님이 창조하신 것이라네. 그러므로 하나님 앞에서 자랑할 게 전혀 없는 것이지. 자네는 아무것도 아니고 하나님은 언제든지 멸망시킬 수 있는 '창조자'시라는 것 말고는 자랑할 게 없다네.

이성으로는 그런 빛을 깨닫지 못한다네. 여러 위대한 인물이 하늘과 땅, 인간과 피조물이 무엇인지 파악하려고 노력했지만 답을 발견하지 못했다네. 하지만 사도신경에는 설명되어 있고 하나님이 무로부터 만물을 창조하셨다는 사실을 신앙이 확증하고 있다네. 영혼을 위한 즐거움의 동산이 여기에 존재하는 것이지. 그 길을 따라 우리는 하나님의 솜씨를 즐기는 것일세. 하지만 그 모든 것을 설명하기에는 너무나 많은 시간이 필요하다네.

아울러 하나님이 자비하심으로 우리를 아무것도 없는 상태에서 창

조하시고, 아무것도 없는 상태에서 매일의 필요를 제공하시니 감사할
수밖에 없다네. 그분은 우리를 몸과 영혼과 지능과 오감을 소유한 아주
탁월한 존재로 만드셨고, 땅과 물고기와 새와 짐승의 주인으로 결정하
셨다네. 여기서 우리는 창세기 1장부터 3장까지의 말씀을 주의 깊게
다시 살펴보아야 한다네.

　　우리는 이것을 진심으로 받아들이거나 믿거나, 혹은 깊이 생각하거
나 인정하지 못했고, 사고할 줄 모르는 짐승보다 더 어리석게 믿음과
감사하는 마음을 갖지 못했음을 고백해야 한다네. 그리고 우리는 사도
신경의 이 부분이 소개하듯 하나님이 우리의 창조주가 되신다는 사실
을 진심으로 자랑하고 신뢰하는, 진솔하고 확신하는 신앙을 가질 수 있
게 해달라고 기도해야 한다네.

둘째 주제, 구속

"그 외아들 우리 주 예수 그리스도를 믿사오니." 또다시 커다란 빛
이 비쳐서 하나님의 아들이신 예수님이 우리를 어떻게 죽음에서 구속
하셨는지 교훈한다네. 창조 이후에 아담이 타락하는 바람에 죽음은 우
리의 운명이 되었고, 그래서 영원히 멸망할 수밖에 없게 되었지. 그러
나 이제는 이렇게 생각해야 한다네. 즉 사도신경의 첫 번째 부분에서
자네 자신을 하나님의 피조물 가운데 하나로 간주하고 의심하지 않았
듯이 자신을 구속받은 사람 가운데 하나로 인정하고 전혀 의심해서는

안 된다네.

가령 다른 무엇보다 한 개의 단어, 곧 예수 그리스도, 우리 주님을 강조해야 한다네. 우리 때문에 고통을 겪으셨고, 우리 때문에 죽으셨으며, 우리 때문에 살아나셨다네. 이 모두가 우리를 위한 것이고 우리와 관계있는 것이라네. 이 우리 안에는 하나님의 말씀이 선언하듯 자네 역시 포함된다네.

그러므로 자네는 그런 은혜에 진심으로 감사하고 구원을 즐거워해야 한다네. 그리고 그런 선물을 터무니없이 생각하고 신뢰하지 않은 것을 슬퍼하고 후회하고 고백해야 한다네. 거듭해서 저지른 우상숭배가 떠오를 것일세. 성인들에게 얼마나 기도를 바쳤고, 구원과 상반된 무익한 선행을 수행하려고 얼마나 기도했는지 말일세. 이제는 하나님이 자네를 지금부터 세상이 끝나는 날까지 예수 그리스도 안에서 진실하고 순수한 믿음으로 보존하시기를 기도해야 한다네.

셋째 주제, 성화

"성령을 믿사오며." 이것은 우리에게 창조자와 구속자를 이 세상 어디에서 발견하고 확실하게 만날 수 있는지, 그리고 이 모든 것이 마침내 무엇을 가져다주는지 가르쳐줄 수 있는 세 번째 커다란 빛이라네. 이것에 관해서는 소개할 게 많지만 요약하면 이렇다네. 거룩한 그리스도의 교회가 존재하는 곳에서 매일 죄를 용서하심으로써 우리를 거룩하게 만드시는 창조주 하나님, 구속자 하나님, 성령 하나님을 만날 수 있다네. 이런 신앙에 관한 하나님의 말씀이 바르게 전해지고 고백 되는 곳에 하나님의 말씀이 존재한다네.

게다가 여기에서 성령님이 매일 교회에서 하시는 모든 일을 오랫동안 깊이 생각할 기회를 얻게 되는 것이지. 그러므로 자네가 교회로부터 부름을 받았고 찾아오게 된 것에 감사해야 한다네. 이 모든 것을 외면하면서 믿음과 감사하는 마음을 갖지 못한 것을 고백하고 슬퍼하며, 죽음으로부터의 부활을 넘어서서 영원한 삶을 누리고 지속되는 곳에 다다를 때까지 우리는 모두 진실하고 흔들림 없는 믿음을 유지하도록 기도해야 한다네. 아멘.

기도할 때 지금껏 내가 거론한 내용을 그대로 반복하는 게 바람직하지 않다는 사실도 함께 기억해 두어야 하네. 그렇게 하면 한가하게 수다를 떨고 무익한 말을 내뱉는 것이나, 평신도와 목회자가 기도책의 문장을 그대로 읽어대는 것과 다르지 않다네. 그보다는 자네가 주님의 기도를 제대로 이해하도록 안내하고 싶었네. 그렇게 해서 마음이 뜨거워져 기도하고자 하는 열정을 갖게 된다면 여러 가지 방법을 활용하거나 말을 많고 적게 하는 식으로 그런 생각들을 표현할 수도 있을 것일세. 나는 표현에 얽매이는 게 내키지 않아서 기분과 감정에 따라 날마다 기도를 달리한다네. 하지만 있는 힘을 다해 생각과 의도를 일정하게 유지할 수 있도록 노력하는 것도 중요한 것이라네.

어쩌다가 한 가지 간구와 관련된 갖가지 생각에 휩쓸리다 보면 다른 간구를 무시할 수도 있다네. 괜찮은 생각이 쏟아지면 나머지 간구를 미루어 둔 채 그런 생각에 필요한 여유를 갖고 침묵하면서 귀를 기울이되 무슨 일이 있더라도 가로막아서는 안 된다네. 이 순간에 성령님이 교훈을 주시기 때문이지. 그분의 한마디 가르침은 우리가 수천 번을 기도하는 것보다 훨씬 더 낫다네. 그리고 많이 읽고 깊이 생각해서 깨우치는 것보다 한 번의 기도로 더 많은 것을 깨달을 때가 더 많다네.

간절히 기도할 준비를 하는 게 무엇보다도 중요하다네. 외경인 집회서에서도 이렇게 말하고 있지 않은가! "치성을 드리기 전에 스스로 준비를 갖추어라. 주님을 떠보는 자와 같은 행동을 하지 말아라"(집회서 18:23). 쓸데없는 말을 하고 이런저런 생각을 하는 것보다 하나님을 시험하는 게 또 있겠는가? 그것은 이렇게 기도하는 신부와 다르지 않다네. "하나님이여, 속히 나를 건지소서. 일꾼아, 말은 풀어놓았느냐? 여호와여, 속히 나를 도우소서. 하녀야, 나가서 우유를 짜 오거라. 성부와 성자와 성령께 영광이 있으라. 아이야, 눈썹이 휘날리도록 급히 서둘러라!"

교황을 따르던 시절에 많은 사람이 그렇게 기도하는 것을 들었을 걸세. 그들의 기도는 대개 그런 식이었다네. 이것은 하나님을 모독하는 일이라네. 올바로 기도할 수 없거나 집중할 수 없다면 차라리 노는 편이 훨씬 더 나을 걸세. 안타깝게도 나 역시 대부분 그렇게 기도시간을 보냈고 기도를 시작한 것인지 아니면 진행 중인지 깨닫기도 전에 찬양이나 정해진 시간을 끝마쳤던 시절이 있었다네.

앞에서 언급한 신부처럼 모든 사람이 일거리와 기도를 뒤섞지는 않지만 속으로는 그렇게 생각한다네. 그들은 이런저런 생각을 하다 보니 기도를 끝마치고 나서도 자신이 무슨 행동을 했고 무엇을 말했는지 알지 못한다네. 찬양으로 시작하다가도 곧장 바보의 낙원을 향해 달려가는 것이지. 내가 보기에 차갑고 혼란스러운 마음으로 기도하는 순간 무슨 일이 벌어지고 있는지 의식하지 못하는 사람은 그보다 터무니없는 말장난이 있을 수 없다는 사실을 제대로 파악하지 못하는 것과 같은 것일세. 하지만 자신이 하는 말을 기억하지 못하는 사람은 기도 역시 제대로 할 수 없다는 게 이제 분명해졌으니 하나님을 찬양해야 한다네. 기도를 시작할 때부터 마치는 순간까지 그 내용과 생각을 남김없이 기억하는 게 좋은 기도일세.

마찬가지로 솜씨 좋고 몰입하는 이발사는 생각과 관심과 시선을 면도칼과 머리카락에 고정한 채 면도와 이발이 얼마나 진행되었는지 계속 주시한다네. 만일 그가 대화에 너무 자주 끼어들거나 마음이 심란하거나 다른 곳을 바라본다면 손님의 입이나 귀, 또는 목에 상처를 입힐 수도 있지 않은가? 그러니 무슨 일이든지 제대로 처리하려면 무엇 하나 놓치지 말고 제대로 주의를 집중해야 한다네. 옛 속담의 교훈 역시 다르지 않다네. "잡다하게 생각하는 것은 전혀 생각하지 않는 것이라서 도움이 되지 않는다." 좋은 기도가 되기 위해서는 한 가지에 집중하는 마음이 얼마나 필요한지 알 수 있을 걸세!

이것이 바로 내가 기도할 때마다 주님의 기도와 주기도문, 사도신경을 사용하는 방식이라네. 오늘까지 나는 주님의 기도를 마치 아기가 젖을 찾듯이 찾았고, 어른처럼 먹고 마셨지만 질려본 적이 한 번도 없었다네. 정말 뛰어난 기도이고 시편보다 훌륭하다네. 나는 그 기도를 아주 소중하게 생각한다네. 살아계신 주님이 직접 가르쳐주신 게 분명하기 때문일세. 대단한 주님의 기도가 우리 믿는 사람들에게 제대로 대접받지 못하니 정말로 안타까울 따름일세!

한 해 동안 주님의 기도를 수천 번씩 하는 사람이 얼마나 많은지 알 수 없다네. 하지만 그들이 그렇게 천 년을 반복한다 해도 그 기도의 진정한 가치를 일점일획도 맛보지 못했거나 기도하지 않은 것일 수도 있다네! 한마디로 말하자면 주님의 기도는 지상에서 최고의 순교자라네(하나님의 이름과 그것을 표현하는 단어처럼 말일세). 누구든지 주님의 기도를 제대로 사용해서 기도한다면 위안과 기쁨이 삶 속에서 넘쳐날 것일세. ■